기 적 의 숫 자 퍼 즐

네모네모 로직®

고급편

4 PLUS

C O N T E N T S

제우미디어

풀이법

설명의 순서대로 한 번만 따라 칠해보면 로직해법을 마스터할 수 있습니다!

기본 규칙

- 숫자는 '연속해서 칠할 수 있는 칸의 수'를 의미한다.
- 한 줄에 여러 개의 숫자가 있을 때는, 숫자와 숫자 사이에 반드시 한 칸 이상을 띄고 칠해야 한다.
- 칠할 수 없는 칸은 ╳로 표시한다.
- 완성된 숫자는 ◯로 표시한다.

1

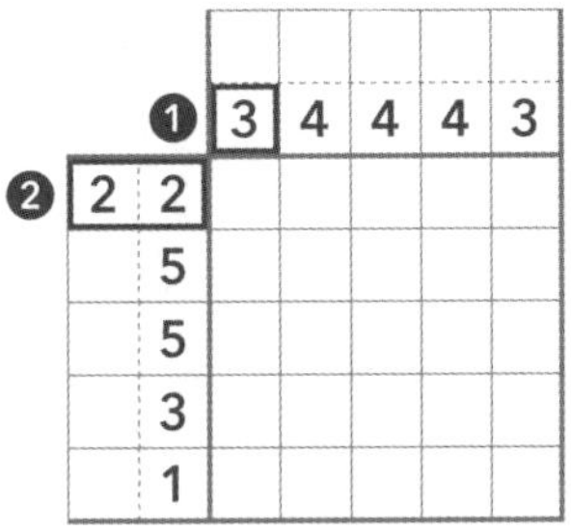

문제의 크기는 5x5이다.

❶은 세로 다섯 칸 중 세 칸을 연속해서 칠해야 한다는 뜻이다.

❷는 두 칸을 칠한 후, **한 칸 이상을 띄고** 다시 두 칸을 칠해야 한다는 뜻이다.

2

5는 다섯 칸을 연속해서 칠해야 한다. 다섯 칸을 모두 칠하고, 완성된 5에 ◯로 표시한다.

3

위쪽의 3은, 세 칸이 연속해서 칠해져야 하니 맨 밑줄은 칠할 수 없게 된다. X로 표시한다.

4

위쪽의 4는, 네 칸이 연속해서 칠해져야 한다. **경우의 수를 따져보면** 네 번째 줄을 칠할 수 있다.

잠깐!

이 경우, 세 칸을 연속해서 칠할 수 있는 경우는 A, B 두 경우이다. 그러므로 칠할 수 없는 마지막 칸은 X로 표시한다.

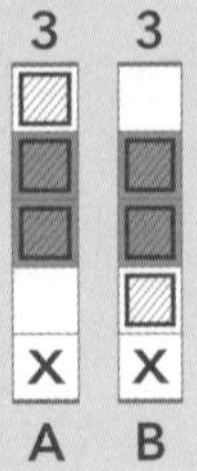

잠깐!

이 경우, 네 칸을 연속해서 칠할 수 있는 경우는 A, B 두 경우이다. 여기서 네 번째 칸은 무조건 칠해진다.

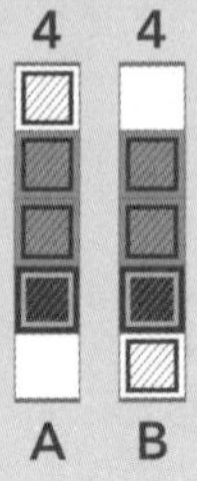

5

왼쪽의 3이 완성되었으니 숫자에 ○로 표시하고, 네 번째 줄의 양 옆을 ×로 표시한다.

6

위쪽의 3을 다시 보면 네 번째, 다섯 번째 칸이 ×로 표시되어 있다. 그럼 첫 번째 칸을 칠해야 3이 완성된다. 완성된 3은 ○로 표시한다.

7

왼쪽의 2는 두 칸이 연속해서 칠해져야 하니, 두 번째 칸과 네 번째 칸을 칠할 수 있다. 세 번째 칸은 ×로 표시하고, 완성된 2는 ○로 표시한다.

8

이렇게 되면 위쪽의 두 번째, 네 번째가 완성된다. 완성된 4를 ○로 표시하고 맨 밑줄은 ×로 표시한다.

9

이제 남은 것은 위쪽의 4와 왼쪽의 1이다. **맨 밑줄의 남은 한 칸을 칠하면**, 위쪽의 4이자 왼쪽의 1이 완성된다.

잠깐!

네모 로직의 문제 크기가 큰 경우, **큰 숫자부터 공략하는 것**이 쉽다. 예를 들어 문제가 10x10이고 한 줄인 열 칸 중에서 아홉 칸을 연속해서 칠해야 할 때,

전체 칸 수(10) - 해당 칸 수(9) = **빈 칸 수(1)**

이 공식을 이용하면 경우의 수를 쉽게 풀 수 있다. 여기서는 1이 나왔으니 **위아래 한 칸씩**을 비우고 가운데 여덟 칸을 칠한다.

중요한 로직 풀이 TIP!

문제의 크기가 큰 로직 중에는 위의 설명만으로 해결되지 않는 것이 있다. 그럴 때 이것만 기억해 두면 손쉽게 풀 수 있다.

위에서부터 칠했을 때와 아래에서부터 칠했을 때 겹쳐지는 칸이 어디인지를 찾는다. 이때 숫자의 순서는 반드시 지켜야 하며 점을 찍어가며 생각하면 편하다.

❶ 한 칸에 점을 찍고, 한 칸 띄고 6칸에 점을 찍는다.
❷ 뒤에서부터 6칸에 점을 찍고, 한 칸 띄고 한 칸에 점을 찍는다.
❸ 겹치는 부분을 찾아 칠한다.

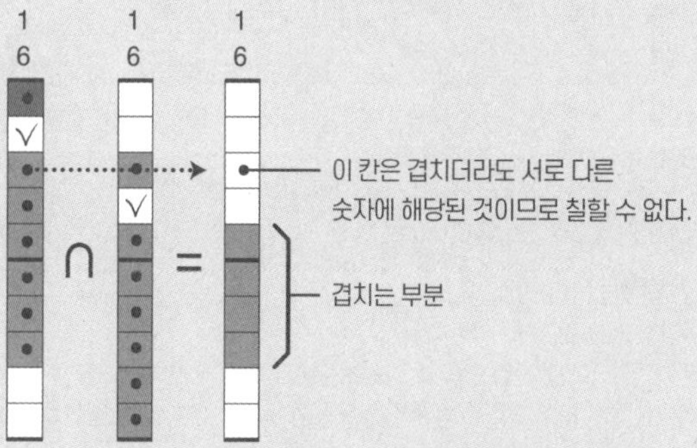

네모네모 로직® 플러스 고급편 4

초판 1쇄 펴냄 2023년 8월 10일

편　　저 | 제우미디어
발 행 인 | 서인석
발 행 처 | 제우미디어
등 록 일 | 1992. 8. 17
등록번호 | 제 3-429호
주　　소 | 서울시 마포구 독막로 76-1 한주빌딩 5층
전　　화 | 02) 3142-6845
팩　　스 | 02) 3142-0075

I S B N | 979-11-6718-283-8
978-89-5952-895-0 (세트)

만든 사람들
출판사업부 총괄 손대현
편집장 신한길 | **책임편집** 민유경 | **기획** 신은주, 장재경, 안호성
영업 김금남 | **제작** 김용훈 | **문제 디자인** 나영 | **표지·내지 디자인** 디자인그룹올 | **표지·내지 조판** 디자인수
도움 주신 분 노사초 님 로직홈(www.logichome.org)

※ 값은 뒤표지에 있습니다.
※ 파본은 구입하신 서점에서 교환해 드립니다.

A1 불이 났을 때는 이곳을 향해 달려가요!

난이도 ★☆☆☆☆

30×30

Column clues (left to right, top to bottom)

1	2	3	4	5	6	7	8	9	10	11	12	13	14	15	16	17	18	19	20	21	22	23	24	25	26	27	28	29	30
																		1	1	1	1								
		19	18		1	1	1	1	1	1	1	1				1	1	5	5	3	3	1							
	20	2	3	1	2	3	4	4	4	3	4	3	1	1	1	3	5	5	4	4	3	3	1	1	1				
	6	4	3	3	3	3	3	3	4	5	7	7	13	11	12	14	14	7	7	5	1	2	3	3	3				
30	1	1	1	1	1	1	1	1	1	1	1	1	1	1	1	1	2	3	3	3	1	1	2	3	4	30	30	30	30

Row clues (top to bottom)

			30
		4	4
	4	3	4
	4	5	4
	4	5	4
	4	5	4
4	3	3	4
	4	8	4
	4	12	4
4	5	8	4
4	4	9	4
	4	4	17
4	3	6	10
	4	5	8
	4	6	4
	4	7	4
	4	7	4
	4	9	4
3	5	4	4
2	10	4	4
1	11	4	4
1	10	4	4
	2	3	4
	4	4	4
	4	4	4
	4	4	4
		3	5
	2	4	6
	1	4	7
			30

A2 꼭 잠가요~

난이도 ★☆☆☆☆

30×30

Column clues (left to right, top to bottom)

Column	Clue
1	6 5
2	12
3	12
4	18
5	3 2 1
6	1 1 3
7	2 2 2
8	7 1 2
9	10 2 1
10	2 1 15
11	2 2 1 1
12	2 8 1 1
13	1 2 1 2 2 1
14	1 2 1 2 4 1
15	1 1 1 1 2 1
16	1 1 2 1 1
17	1 1 1 1 1
18	1 2 1 1 1
19	1 9 2 1
20	2 8 2 2
21	1 6 1 3 3 3 2
22	2 2 1 1 1 1 1 1 1 2
23	8 1 2 1 1 1 1 1 2
24	2 1 1 2 1 1 1 1 2
25	2 2 1 1 1 1 1 1 2
26	6 3 3 5
27	15
28	12
29	10 1
30	3 8

Row clues (top to bottom)

Row	Clue
1	9
2	2 2
3	2 1
4	2 6 2
5	1 2 3 1
6	2 2 2 1
7	2 1 3 1
8	2 1 3 1
9	2 1 3 1
10	2 1 6 3
11	3 5 8
12	5 2 4 1
13	2 4 2
14	4 8
15	1 3 8 1
16	1 6 5
17	1 1 3 1
18	1 1 1 1 4
19	4 1 3 4 5
20	4 1 3 6
21	4 1 1 4 4
22	4 1 1 5
23	4 1 4 5
24	4 1 6
25	3 1 4 4
26	4 1 1 5
27	5 1 10
28	6 1 5
29	4 3 1 9 1
30	30

A3 잠겨 있는 것을 풀 수 있어요

난이도 ★★☆☆☆

30×30

											6											1	2	1					
									2	2	2	3								1	1	2	1	2	1				
		2	2	2	2	2	2	2	2	2	1	3	3	2	1	2	1	1	1	3	5	1	1	2	3	2	2	3	
	2	2	2	2	2	2	2	2	2	4	2	5	3	3	2	3	3	2	2	2	2	2	2	3	2	3	3	4	9
6	4	2	2	2	3	2	3	4	1	3	3	5	5	7	7	9	9	10	10	11	11	11	11	11	11	12	13	13	15

			8
		3	4
		2	2
	1	4	2
2	3	2	2
1	2	1	2
2	2	2	1
	1	4	1
		1	1
		1	1
		1	1
		2	2
		1	2
		2	2
		2	3
	2	4	1
	2	10	1
2	2	9	3
2	2	3	4
2	2	5	10
2	2	3	12
2	2	3	14
2	2	3	14
2	2	3	16
2	2	3	16
1	2	3	18
	3	2	18
	2	4	20
		8	20
		6	21

A4 몸에 해로워요

난이도 ★⯪☆☆☆

30×30

																					3								
																			3	3	4	3							
									3	3	3	3	3	3			3	3	2	2	2	3	3	3					
				5	3	4	6	7	4	4	4	4	4	4	3	3	3	5	2	3	4	2	3	3	5				
			5	4	4	4	4	4	4	4	4	4	3	1	5	5	5	4	4	4	4	4	4	4	4	5			
8	12	16	5	5	3	3	3	3	3	3	3	3	3	3	3	3	3	3	3	3	3	3	6	4	5	5	16	12	8

					8
					12
					16
				5	5
				5	5
				5	3
			7	1	3
	3	4	1	1	3
	3	4	2	2	3
	3	4	2	3	3
	3	4	3	3	3
	3	4	4	2	3
	3	4	3	1	3
		3	4	1	3
3	9	4	3	3	3
3	10	3	3	3	3
3	10	4	2	3	3
3	11	4	1	3	3
			3	4	3
			3	4	3
			3	4	3
			3	4	3
				3	7
				3	5
				3	3
				5	5
				5	5
					16
					12
					8

A5 어디로 튈지 몰라요

난이도

35×35

											4																							
										5	2	4	4	3	2	2	2		1	1		3	1	1		1								
								7	6	5	3	3	3	2	2	3	2	2	3	3	1	1	3	2	3	2	1		1					
		17	14			9	8	3	2	3	2	2	3	2	3	2	5	2	1	2	1	2	2	2	2	2	2	1	2	1				
	22	3	3	12	10	4	2	2	2	1	1	3	2	3	1	2	2	4	2	2	5	2	2	2	2	2	2	3	2	1	3	1		
	3	3	2	2	2	2	6	2	2	2	4	4	2	2	2	4	2	1	1	3	1	2	4	2	1	1	3	1	2	1	3	5	8	
32	3	3	3	5	4	3	3	2	2	1	1	1	7	7	8	8	8	9	9	10	10	10	11	11	13	13	14	15	15	17	14	13	10	15

						32
			19	1	1	3
		15	2	2	3	1
			14	1	4	2
			11	2	2	3
			10	2	2	4
			9	4	2	6
		8	1	2	2	4
	7	2	2	2	3	3
	6	4	2	2	2	1
5	1	1	3	2	3	1
	5	2	3	2	1	5
	4	2	1	3	4	6
			4	6	2	7
		3	1	5	2	7
		3	2	2	5	8
	3	3	2	2	2	8
		2	4	2	2	9
		2	1	6	1	9
		2	1	2	4	9
		2	2	2	3	10
		3	3	2	2	10
		1	1	1	10	11
	1	2	1	2	4	12
		1	1	2	2	12
		2	2	2	3	13
		2	2	3	2	14
			3	3	4	14
			1	1	2	15
			1	2	2	16
				1	2	18
				2	2	15
					7	11
					9	6
						14

A6 숫자가 높을수록 많이 갈 수 있어요

난이도 ★☆☆☆☆

35×35

																	2																	
										11	11				3	3	2	1	1															
		15	15	14	14			12	11	1	1			4	1	2	2	1	2	1	2	1							1	2				
		3	1	2	1			1	2	2	4	5		2	3	3	3	2	3	2	3	3							2	2	2			
	16	2	2	1	1	13		1	2	1	1	1	4	1	3	3	1	1	1	2	2	3	2	1				1	2	4	1	3	3	
16	2	2	4	4	2	2	15	2	4	4	2	4	8	2	2	2	3	2	2	2	3	3	3	3	17	1	2	1	2	2	3	2	2	4
13	2	1	4	4	2	2	1	2	4	4	2	2	3	2	3	3	2	3	3	2	4	2	2	4	4	8	7	6	2	1	4	3	3	13
1	2	2	4	3	3	3	2	2	2	2	1	1	13	1	1	2	2	3	4	5	6	7	21	6	6	6	5	5	5	5	5	4	4	4

				20	3	7
			18	3	3	5
		17	3	1	3	3
		15	3	1	2	1
		13	2	3	1	3
		12	3	3	1	2
		12	2	3	1	2
		12	1	3	1	1
12	1	3	2	1	1	1
12	1	2	3	1	3	1
12	1	2	1	1	3	1
9	1	2	3	1	2	1
	8	5	3	3	1	1
		6	3	5	2	1
		4	2	4	6	1
		2	3	3	10	1
		3	5	3	7	1
	2	5	2	1	3	5
		4	2	2	6	4
			1	4	2	11
		1	4	3	1	7
		1	2	4	2	7
			1	4	4	4
	1	4	2	2	1	1
	1	2	4	1	3	1
		1	4	1	3	1
	1	2	2	1	3	1
			1	4	1	1
	1	4	2	1	3	2
	1	2	4	1	3	6
		2	4	1	2	12
			3	2	1	16
				4	1	17
				10	1	19
						35

A7 아프기 전에 미리 맞아요

난이도 ★★☆☆☆

35×35

Column clues (top to bottom):

Column	Clues
1	33 1
2	5 23 2
3	5 22 2
4	5 21 2
5	5 19 2
6	1 8 3
7	1 7 5 4
8	1 5 3 6
9	1 5 4 5
10	5 7 2 1 4
11	5 6 2 2 3
12	5 5 5 1 1
13	5 5 6 2 1
14	13 3 4 2 1
15	11 2 5 4
16	10 2 6 3
17	9 2 8
18	6 2 6 1
19	5 5 1 3 2
20	4 2 1 2 3 2
21	4 1 2 5 5
22	4 1 2 1 3 2 2
23	4 2 2 1 5 3 1
24	4 1 2 2 3 2 4 1
25	4 1 2 5 2 2 2
26	3 3 2 3 3 3 3
27	1 2 2 2 3 4 3 3
28	4 2 5 4 3 5
29	4 10 1 2 3 5
30	2 2 11 2 4 6
31	2 7 4 4 3 6
32	2 6 4 2 2 7
33	2 4 3 5 8
34	2 1 5 9
35	5 4 10

Row clues (left to right):

Row	Clues
1	27 5
2	5 17 7
3	5 17 2 2
4	5 16 5 1
5	5 10 2 4 1
6	1 5 4 2 3 1
7	1 4 2 4 6
8	1 4 1 2 5
9	1 4 1 3 6
10	5 7 7 4
11	5 6 2 3 2
12	5 5 2 2 2
13	5 5 2 5
14	13 2 2 4
15	11 2 2 5
16	10 2 7
17	9 3 2 6 3
18	9 3 2 4 4
19	7 6 2 3 5
20	7 2 5 4 5 2
21	6 2 6 3 2 2 3
22	5 3 5 2 3 3
23	5 5 4 2 4 2
24	5 1 3 5 2 2 1
25	5 1 2 5 2 5
26	5 4 2 3 3 5 1
27	5 4 4 2 3 2
28	5 5 3 2 3 3
29	4 11 4 2 4
30	4 4 1 3 6
31	3 4 2 2 8
32	2 2 4 8
33	1 2 2 10
34	2 2 11
35	2 2 12

A8 신호를 찾는 중이에요

난이도 ★★☆☆☆

35×35

Column clues (left to right, top to bottom)

Column	Clues
1	1
2	2
3	3
4	3
5	8 4
6	14 3
7	3 15 4
8	2 6 6 2 4
9	2 4 19
10	1 3 9 5
11	1 3 3 7 5
12	1 3 3 5 2
13	1 4 2 4 2
14	1 3 3 3 6
15	1 3 2 3 4
16	2 3 1 4 4
17	1 2 2 3 5
18	2 2 3 7 3
19	1 3 2 2 2 5 2
20	2 3 2 5 4 1
21	5 3 3 1 5 1
22	3 2 5 4 2
23	3 2 3 3 4 2
24	3 2 2 5 4 2
25	6 4 2 3 2
26	3 2 3 3 3 2
27	3 2 2 4 3 2
28	2 4 3 3 3 2
29	3 1 3 2 2 2
30	5 2 3 2 2
31	6 3 2 5 2 2
32	4 15 2 2
33	4 13 1 2
34	6 4 2 2
35	2 7 2

Row clues (top to bottom, left to right)

Row	Clues
1	8
2	2 3 3
3	2 3 7
4	1 2 9
5	2 14
6	1 1 9 3 1
7	1 1 13 4 2
8	2 1 11 4 1 1
9	2 1 6 5 1 2
10	2 1 3 5 3 2
11	2 2 5 1 3
12	2 1 3 2 3
13	3 1 1 4
14	3 2 2 2 1 2
15	3 1 3 1 2 2
16	3 2 5 1 2 3
17	4 1 5 1 1 3
18	4 2 1 3 2 1 2
19	3 1 3 1 1 1 4
20	4 2 3 1 1 2 1
21	4 2 2 1 2 1
22	1 3 1 1 1 2 2
23	1 4 2 2 1 2 1
24	1 5 3 4 1
25	1 6 2 4 1
26	1 8 2 1
27	15 1
28	4 10 2
29	1 19
30	2 4 15
31	12 8
32	7 4
33	9 5
34	6 3 1 4 15
35	5 3 1 4 14

A9 안에 뭐가 들었을까요?

난이도 ★★☆☆☆ (2.5)

35×35

																		1																
															3		1	2	2				4	2	1									
				2	1	2	5	2	1	2	1			4	4	2	7	1	1		9	6	2	2	1	1					1	3		
			1	1	2	1	1	2	1	4	5	1	1	1	2	9	2	1	5	5	3	4	2	2	3	3	8	7	5	1	2	1		
		3	1	1	3	2	2	1	3	2	1	7	1	2	3	1	1	1	1	8	1	3	2	1	2	1	1	2	4	1	3	1	1	
6	2	1	1	3	1	1	3	3	1	3	3	4	3	6	1	2	1	1	1	1	6	1	2	1	1	1	3	2	2	3	3	1	5	6
13	16	4	4	4	3	3	3	10	2	2	2	1	17	2	1	1	1	1	1	13	1	2	2	3	4	18	4	5	6	12	8	9	14	16

							6
						2	4
						1	4
						2	4
						5	11
			3	1	2	4	3
			2	2	1	2	3
				1	3	1	4
				1	7	2	6
		1	3	3	1	2	7
		3	3	5	2	2	3
	3	6	2	4	3	2	1
			3	7	7	3	1
				2	5	11	1
			6	3	5	2	1
		1	6	3	3	2	2
			1	1	2	4	4
		1	2	10	2	2	1
		1	1	2	1	1	3
		6	2	2	1	2	2
		1	3	2	1	2	1
		1	3	5	1	6	4
2	1	2	8	1	2	1	2
	2	4	3	1	1	3	2
	2	1	4	1	1	1	2
2	2	2	1	1	1	1	2
	2	3	1	1	1	1	3
		2	1	1	1	1	5
		2	1	1	1	1	5
		2	1	1	1	1	6
		2	1	1	1	1	7
			5	1	1	1	10
				9	1	1	11
				12	2	1	13
							35

A10 가지런히 정리해요

난이도 ★☆☆☆☆

			2																										
			5			1	1		1	1	1																		
			1			1	1	1	1	1	1	2				1			1										
			1		3	6	6	2	5	5	5	2	4	1		3			2				3						
	1		2	2	6	1	3	5	1	3	2	4	4	4	2	1	1	2	3				1						
	4	3	2	7	1	1	1	1	1	1	1	3	1	1	3	1	3	3	1		1		3		2				
	2	3	3	1	1	1	1	1	1	1	1	1	1	1	3	1	3	1	1	1	3	6	1	5	2		3	2	
	3	1	1	1	1	2	2	2	1	2	2	1	2	1	1	8	1	1	6	8	2	1	2	4	2	2	2	2	
1	2	4	1	2	3	3	3	3	3	3	3	3	3	8	8	1	2	3	1	3	2	2	1	2	1	2	1	1	
6	2	4	1	3	1	1	1	1	1	1	1	1	1	1	1	1	4	1	1	4	3	2	1	5	3	4	3	2	
5	4	5	1	1	2	1	1	1	1	1	1	1	1	1	1	1	1	2	1	1	1	1	2	2	2	2	2	2	10
4	6	4	1	5	2	1	1	1	1	1	1	1	1	1	1	1	5	2	1	5	5	5	2	2	1	2	2	2	9

40×30

13							
4	2						
2	4	1					
1	6						
1	4						
4	4						
6	5						
10	2						
12	2						
16	3						
19	1						
25							
2	2	3					
1	1	4	4	2	2	2	
1	3	3	1	1	2	1	1
1	1	2	1	4	2	2	2
2	2	1	2				
25	1						
2	2	1					
2	2	1					
21	2	1					
2	4	3	3				
1	2	3	2	4	2	2	2
1	2	3	2	4	1	2	1
1	4	2	2	1			
22	5						
22	1						
25							
2	1	2					
1	1	1					
2	2	2					
25	2						
1	2	1					
23	2	1					
3	2	2	5	3			
2	2	2	4	2	2		
3	2	2	3	2	1		
24	2	1					
2	2	3					
2	2	2					

태양에서 여섯 번째로 가까워요

난이도 ★☆☆☆☆

40×30

Column clues (columns 1–40, read top to bottom)

Column	Clue
1	30
2	24 2
3	8 11 3 1
4	7 9 2 2 1
5	1 5 8 1 1 1
6	1 5 7 2 1 1
7	1 6 7 4 1 1
8	12 5 1 1
9	1 23 1 2
10	1 9 2 6 1 2
11	1 7 1 1 4 1 2
12	1 8 2 2 1 1 1 3
13	7 1 2 1 1 1 3
14	6 2 2 3 2 1 3
15	6 2 2 3 1 1 4
16	5 2 2 2 2 1 4
17	5 2 2 3 1 1 5
18	5 3 2 3 2 1 5
19	4 3 1 3 1 1 6
20	4 3 2 3 2 1 1 4
21	6 2 4 1 1 2 4
22	6 2 3 2 1 1 4
23	5 1 3 2 1 2 4
24	7 4 1 1 2 5
25	6 5 2 1 1 5
26	6 3 2 1 2 3 2
27	8 2 2 2 3 2
28	4 2 2 1 2 2
29	4 4 2 1 1 4 2
30	3 2 5 2 2 5 2
31	3 1 5 2 2 10
32	2 1 5 2 1 7 4
33	2 1 4 1 15
34	1 1 2 2 16
35	1 1 2 7 8
36	1 2 2 3 3 3 1
37	1 3 5 3 2
38	1 5 2 3
39	2 9 9
40	9 5 10 1

Row clues (rows 1–30, read left to right)

Row	Clue
1	7 32
2	4 22 2
3	7 23 3 1
4	7 21 2 2 1
5	7 10 7 2 1 1
6	15 4 7 3 1 1
7	13 3 2 3 4 1 2
8	3 6 4 1 3 5 1 2
9	2 4 4 2 2 5 1 3
10	2 3 3 2 3 3 1 2
11	2 3 3 3 2 2 1 4
12	3 3 1 3 3 2 2 4
13	9 4 4 2 1 5
14	10 4 4 2 2 3 2
15	13 5 2 2 4 2
16	9 5 2 2 3
17	9 6 3 2 7 2
18	7 1 7 2 2 2 5 2
19	6 2 2 3 1 3 9
20	5 2 3 2 2 4 3
21	4 4 3 2 2 4 2
22	3 5 3 1 3 4 2
23	2 1 8 2 2 6 3
24	2 1 6 2 3 13
25	1 2 4 3 3 15
26	1 1 2 3 4 3 4 1
27	1 2 3 13 7
28	1 4 14 5
29	2 19 7
30	27 8 1

A12 어푸~ 어푸~

난이도 ★★☆☆☆

40×30

Column clues (top to bottom, columns 1–30):

Column	Clues
1	2 12 10
2	11 14 8
3	6 10 5
4	2 8 6 2 2
5	4 11 7
6	13 5 11
7	10 7 4 8
8	7 4 11 5
9	2 8 6 5 3
10	13 4 10
11	13 20
12	8 3 5 8
13	5 2 5
14	8 2 4 2
15	5 2 1 4 2
16	5 1 3 1 1 4 1
17	6 1 3 1 3 2 3
18	9 3 1 2 1 2 4 1
19	5 5 2 2 3 2 1 2 1
20	6 2 4 2 3 1 1 1
21	6 1 2 1 2 2 2 1
22	6 4 2 2 3 2
23	7 1 2 3 2
24	2 4 3
25	21 2 6
26	9 12 7
27	17 5 9
28	2 21 10
29	25 12
30	40

Row clues (left to right, rows 1–40):

Row	Clues
1	1 3 2 6
2	2 4 3 6 6
3	1 3 12 3 2
4	2 4 13 6
5	2 3 14 6
6	2 3 14 6
7	2 3 5 2 4 6
8	3 3 3 1 6 6
9	3 3 3 2 2 2 6
10	2 4 3 5 1 1 4
11	2 4 3 2 2 6
12	2 3 3 5 6
13	1 3 5 3 1 6
14	1 2 2 2 3 2 6
15	1 2 2 2 2 2 6
16	1 2 2 2 2 6
17	2 3 1 7 6
18	2 4 2 3 2 3
19	2 4 1 9
20	2 4 1 7
21	2 3 2 6
22	3 3 1 5
23	3 3 1 4 4
24	3 3 2 5 3
25	3 2 2 2 3 2
26	3 2 2 1 2 1
27	3 3 2 1 2 2 1
28	3 2 2 2 3 2 1
29	3 3 2 1 2 2 2
30	2 3 2 1 2 2 2
31	1 2 3 2 1 3
32	1 3 3 1 3 2 4
33	2 4 6 4 1 4
34	2 3 6 2 5
35	2 3 5 4 6
36	3 4 4 1 7
37	3 3 4 3 7
38	2 7 2 3 8
39	3 4 2 2 1 2 6
40	3 3 2 6 6

A13 꼼꼼히 잘 닦아야 해요

난이도 ★★☆☆☆

40×40

Column	Clues
1	20 2 7
2	4 5 7 3 7
3	3 4 7 7 7
4	3 13 2 2 4 2
5	4 7 1 1 1 1
6	9 6 5 1 1
7	6 5 2 1 3 1 1
8	4 8 1 6 1 1
9	3 12 4 1 5 1
10	2 14 5 2 2 1
11	2 13 3 2 1 1
12	1 12 2 2 2 2
13	12 2 1 1 2
14	10 4 4 8
15	8 2 4 1 2 3
16	7 1 8 1 1 3
17	8 2 3 1 2 2 1 3
18	9 1 1 3 2 5 1 2 3
19	10 1 5 8 5 3
20	10 1 3 2 5 1 2 3
21	10 2 3 1 1 2 3
22	10 3 2 3 1 1 2 3
23	10 2 1 1 3 1 1 2 3
24	10 1 1 3 1 1 2 3
25	10 1 1 1 2 3
26	7 2 1 3 3 1 1 1 2 3
27	7 1 1 1 3 2 3 1 3 3
28	8 1 5 4 2 6 3
29	9 2 3 1 5 2 3 3
30	10 1 7 1 8
31	11 1 1 2 5 1 4
32	12 5 3 1 1 1 1
33	12 3 1 1 1 1
34	13 4 1 1 1 1
35	1 14 2 2 1 1
36	2 14 3 5 3
37	3 13 4 6
38	4 8 1 1
39	6 5 2 3
40	10 6 6

Row	Clues
1	13 17 6
2	11 22 5
3	9 24 4
4	2 4 27 3
5	1 2 29 2
6	1 2 29 2
7	2 2 31 1
8	6 8 9 11 1
9	6 8 9 10 1
10	5 7 9 9 1
11	5 8 9
12	1 2 7 4 4 8
13	1 2 6 2 2 7
14	4 6 2 2 6
15	4 2 3 1 2 1 2 3 2
16	4 1 3 4 1 4 3 1
17	4 1 1 4 2 4 2 1
18	4 1 2 1 2 1
19	4 1 3 1
20	4 2 4 4 2
21	3 3 11 1 1 3
22	1 1 1 4 3 1 1 1
23	1 1 4 1 5 1
24	7 11 2 1 2
25	2 1 1 2 2 7 4 1
26	2 1 1 15 6 2
27	4 1 1 11 3 2
28	10 1 9 3
29	1 2 6 7
30	1 1 2 13 6
31	2 2 1 1 1 1
32	7 5 4 1
33	1 1 4 3 11
34	4 4 1 12 4
35	3 2 1 8 5 1 2
36	3 1 1 1 1 2
37	3 21 1 1
38	3 18 2 1
39	4 25 1
40	14 1 1 1

A14 실험하고 분석해서 엄청난 결과를 얻었어요

난이도 ★★☆☆☆

40×40

																																			1				
																																			2	1			
			1						1																									10	1	2			
		6	6						2	7				4	6	7																		1	1	1	11		
	2	6	1	1	6			1	1	1				1	1	1						7	7		8	7	7					9	1	1	1	5	1		
	1	1	1	6	6	2	5	2	1	1			9	3	3	3	7	8	9	9		1	1	7	1	1	1	8				1	2	1	1	1	2		
	4	4	1	1	1	6	2	1	1	1			1	1	1	1	1	2	5	1	9	2	3	1	3	1	2	2		10	13	2	1	1	1	1	3		
5	1	1	1	1	1	1	1	1	1	1	13	10	1	2	1	1	1	2	1	1	5	2	1	3	1	1	1	1	7	2	2	3	9	3	1	1	1	11	
2	3	1	1	3	3	1	1	1	1	1	1	5	2	4	1	1	2	1	1	1	1	1	2	1	2	3	4	2	9	2	2	1	1	1	1	1	1	1	11
1	1	1	1	5	3	3	3	3	3	3	9	3	1	1	3	1	9	1	1	1	1	1	1	9	1	3	1	1	1	6	4	3	3	3	3	3	1	5	1
5	2	1	4	2	2	1	2	1	1	2	2	6	4	3	3	4	2	10	15	14	14	15	11	2	4	2	4	5	5	2	1	1	1	1	1	2	5	6	7

						4	8
					1	1	14
					1	1	17
				1	1	19	3
				1	1	21	6
			2	2	21	1	3
		2	2	3	18	1	3
	1	1	4	6	8	1	3
		8	4	4	5	1	3
				1	12	5	3
		8	9	7	3	1	3
	6	3	2	2	5	1	3
				17	3	4	11
	12	3	1	1	3	1	9
	1	3	1	1	3	1	2
			2	2	2	3	1
					19	6	11
					1	2	2
			1	1	1	1	6
			2	7	2	2	2
				2	3	1	1
				4	3	1	1
					11	11	5
	1	1	4	1	4	1	1
	1	4	2	2	1	2	6
4	3	1	3	3	2	3	1
	2	1	1	2	8	1	7
6	4	1	8	1	2	1	2
1	1	1	1	8	1	2	6
	6	3	3	8	3	1	1
1	1	1	2	6	2	1	1
			11	2	6	2	10
	1	8	1	6	1	2	2
			9	2	6	1	10
		1	1	1	5	2	8
	1	1	2	4	2	1	7
	2	1	1	4	1	1	2
	2	2	1	4	1	2	2
		3	3	2	4	2	8
		4	1	1	4	1	1

A15 가장 잘한 사람에게 줘요

난이도 ★★☆☆☆

40×40

Column clues (top to bottom)

Column	Clue
1	9 1
2	7 2
3	7 5 3
4	5 3 6 3
5	8 2 2
6	2 3 6 1
7	2 5 23
8	1 29
9	1 4 4 12
10	3 1 2 3 1 8
11	5 1 3 1 1 2
12	2 2 7 2 7 2
13	1 2 13 3 7 2
14	1 2 13 2 9 2
15	2 3 1 13 10 1
16	1 4 1 1 9 2 8 2
17	1 4 1 2 6 3 7 1
18	1 4 1 1 1 2 4 8 1
19	1 4 1 1 1 3 2 8 1
20	1 4 1 1 5 1 8 1
21	1 4 1 1 1 2 1 1 8 1
22	1 4 1 1 1 1 1 1 8 1
23	1 4 1 1 6 1 2 2 1
24	1 4 1 1 2 3 2 2 2 1
25	1 4 1 1 1 2 1 2 1 2 1
26	1 4 1 2 1 2 3 2 2 2
27	1 2 4 1 1 4 5 2 1
28	2 2 1 1 4 4 2 2
29	1 2 1 2 4 9 1
30	1 1 1 4 2 8 2
31	1 10 2 2 2 1 1
32	6 4 3 3 1
33	2 1 5 4 2
34	1 3 6 5 2
35	1 9 6 3
36	2 3 7 3
37	8 2 8
38	5 10
39	11
40	5 5

Row clues (left to right)

Row	Clue
1	14
2	4 3
3	2 12 2
4	2 17 5
5	2 17 2 2
6	5 13 2 2
7	2 3 4 1 2
8	2 1 17 5 2
9	1 3 2 1 2 2
10	2 3 2 3 1 2
11	2 4 6 4 1 1 1
12	2 2 6 10 1 4
13	2 2 4 1 3
14	2 2 4 1 3
15	2 1 4 2 3
16	1 1 5 1 3
17	2 1 5 1 3
18	2 3 4 2 2
19	1 4 5 2 3
20	2 6 4 7
21	1 8 5 2 2 4
22	1 3 7 1 2 3
23	1 3 6 2 1 3
24	1 3 10
25	1 3 2 2
26	2 2 5 4
27	1 3 5 3 3
28	1 3 4 3 7
29	1 3 4 8 4
30	4 10 15
31	4 3 16 12
32	3 18 2 5 3
33	3 4 11 2 8
34	3 4 11 3 7
35	2 5 9 5 5
36	2 6 8 4 1 5
37	1 4 2 12 3 4
38	1 2 1 2 2 8 3 6
39	4 1 1 3 3 8
40	7 11 7 2

A16 먹고 싶은 것을 잔뜩 담아요

난이도 ★★☆☆☆

40×40

열	숫자
1	4 10
2	8 10
3	2 3 5 10
4	2 3 1 5 10
5	2 3 1 1 2 10
6	12 1 1 9
7	2 3 6 2 9
8	2 4 1 6 3 3
9	14 1 2 3 2
10	2 1 3 1 2 1 5 1
11	2 2 2 10 2 1 1
12	12 1 1 2 5 1
13	2 1 6 2 1 4 2
14	2 2 4 11 2 2
15	2 10 1 1 3 2 1
16	7 5 1 1 2 4
17	2 1 2 14 6
18	2 2 1 4 1 2 2 2 2
19	14 1 1 2 6
20	6 2 3 2 6 4
21	3 2 1 9 2 2 1
22	3 1 6 2 1 2 2 2
23	11 2 1 2 2 3 2
24	3 2 2 2 10 2 3
25	3 3 1 7 1 1 2 3
26	3 2 6 2 1 2 2 3
27	2 3 4 1 6 2 4
28	3 2 2 6 2 3 4
29	3 2 5 1 3 5 3
30	2 2 2 2 1 5 5 3
31	3 4 1 5 3 1 2 3
32	2 3 4 7 4
33	3 4 4 5
34	3 3 6
35	3 3 10
36	3 2 10
37	3 2 10
38	5 10
39	3 10
40	3 10

행	숫자
1	4
2	7
3	2 7
4	2 6
5	2 6
6	2 6
7	4 4
8	8 3
9	14 2
10	8 2 4 2
11	6 1 2 1 4 2
12	7 1 1 4 1 3 1
13	6 1 1 6 3 2 3 2
14	2 1 1 6 1 2 1 3 1
15	4 1 5 1 1 6 4
16	9 1 1 2 1 8
17	9 1 1 6 6 1
18	1 8 4 1 6 1 2
19	1 1 8 7 5
20	2 1 1 11 1 3 1
21	4 1 9 5 2
22	1 4 1 4 1 3 1 1
23	1 2 3 1 2 5 4
24	2 1 4 1 3 1 2 1
25	5 1 1 5 4 2
26	1 5 4 1 2 1 2
27	1 2 2 1 1 5 4
28	2 1 4 4 1 6
29	4 1 6 1 5 3
30	3 1 1 1 5 2
31	5 4 1 6 2 6
32	8 10 5 6
33	8 4 3 2 6
34	8 6 5 2 6
35	7 5 3 10 7
36	7 2 3 10 3 8
37	7 2 6 5 2 9
38	8 3 3 2 17
39	9 2 5 19
40	15 3 20

A17 돌멩이를 들고 다녀요

난이도 ★★⯨☆☆

40×40

																						4	4																
																						1	1																
																						1	1																
																						6	1		2	1								1					
																					3	1	5	1	2	2	2		1	1				2		2			
							3	3	3	2						2	5	5	5	10	3	2	1	5	2	2	1	1	2	1		2	1	1	2	1			
						3	4	3	4	3	2	2	2	2	2	3	3	3	3	2	1	1	1	3	1	2	2	5	2	2	1	2	2	1	1	1	1	3	
5	5	5	4	4	4	4	4	3	5	6	3	4	4	3	3	3	1	1	1	1	5	3	3	2	5	2	3	2	3	1	1	2	2	2	1	1	2	1	
6	5	5	5	5	4	4	2	3	2	2	15	5	4	4	4	2	2	2	2	1	5	2	2	2	5	2	3	5	2	1	1	7	8	8	10	11	16	17	23
11	14	15	14	15	16	5	3	1	4	1	2	2	3	3	7	3	2	3	4	4	5	3	3	3	3	4	4	4	5	5	6	3	4	4	4	5	5	5	5
6	1	2	1	1	1	1	2	1	2	2	3	4	3	3	3	3	2	2	2	2	2	2	2	2	3	3	2	2	3	3	3	1	1	1	1	2	2	3	4

								6
							5	4
						2	1	2
							2	3
							2	1
							23	2
						22	2	1
				10	5	2	2	1
		6	9	2	4	2	1	1
				3	12	1	2	3
		11	4	2	1	1	3	1
					10	5	7	1
				8	11	4	3	2
				8	10	1	3	2
			6	8	3	1	3	3
			5	9	1	1	3	4
			4	9	3	2	4	3
		2	9	4	2	2	2	3
1	6	3	5	1	1	1	2	3
	5	1	2	3	1	2	1	3
			5	3	1	2	6	4
			6	3	1	2	6	4
				6	1	3	2	5
						6	1	5
					6	1	4	6
				6	1	3	2	7
			7	1	2	3	1	7
			7	2	2	3	1	8
			8	2	2	3	1	8
				10	2	2	8	1
			8	1	1	2	8	2
			6	3	1	2	8	3
			2	2	1	2	8	4
				2	5	3	9	5
						1	17	6
						1	16	7
				1	2	6	8	1
					1	8	10	2
						3	24	4
						6	14	8

A18 뽈이 무서워요

난이도 ★★★☆☆

40×40

Column clues (left to right):

1. 40
2. 16 21
3. 13 19
4. 15 3 19
5. 11 26
6. 8 10 13
7. 7 7 3 11
8. 6 5 1 5 13
9. 5 3 2 2 2 9
10. 3 1 3 1 1 3 9
11. 2 1 3 2 2 2 9
12. 1 2 3 2 1 2 9
13. 1 2 3 2 3 1 2 2 9
14. 1 3 6 2 5 1 1 2 1 4
15. 1 4 2 2 3 3 2 2 1 6 2
16. 2 4 2 2 2 1 2 1 2 1
17. 3 5 1 1 1 1 3 1
18. 9 1 1 4 1
19. 9 1 2 1 2 1
20. 8 1 1 3 1
21. 8 1 2 1
22. 8 1 6 1 1
23. 8 1 3 3 1 1
24. 8 2 3 1 1 3 1
25. 7 3 2 1 2 1 1
26. 7 3 2 1 1 2 1
27. 8 2 1 1 1 1
28. 8 3 2 1 4 1
29. 9 4 1 1 2 1 2
30. 12 3 5 1 2 2
31. 9 3 2 5 1 2 2
32. 10 2 5 4 2 3 2
33. 8 2 1 2 2 3 1 3 2
34. 9 1 1 2 2 1 3
35. 9 5 2 2 4
36. 10 2 2 4 1 5
37. 10 2 9
38. 12 1 2 11
39. 23 13
40. 40

Row clues (top to bottom):

1. 40
2. 11 25
3. 10 24
4. 9 4 23
5. 16 23
6. 8 3 23
7. 7 26
8. 6 5 9 14
9. 5 7 3 4 7
10. 5 8 1 1 2 5
11. 5 2 1 2 1 2 3
12. 4 1 4 2 3
13. 4 1 3 3 2
14. 2 1 2 3 2
15. 2 2 5 3 1 3
16. 2 1 6 3 2 2
17. 1 2 8 2 4 2
18. 1 4 1 2 2
19. 1 6 1 1 1 2
20. 2 4 3 2 1 2 3
21. 2 3 5 1 1 4
22. 8 6 1 3 2
23. 10 1 11 4 2
24. 15 8 2 1
25. 6 1 6 2 6 1 1
26. 8 2 1 5 1 1
27. 5 1 2 2 4 1 1
28. 8 3 1 5 2 2
29. 6 1 1 1 4 2 2
30. 8 4 3 3 3
31. 8 2 2 8 3
32. 18 4 1 4
33. 20 1 2 6
34. 13 1 8 2 5 4
35. 15 2 1 3 3 4
36. 13 1 3 3 5
37. 15 1 6
38. 14 7
39. 15 12
40. 40

A19 건조할 땐 더 조심해야 해요

난이도 ★★☆☆☆

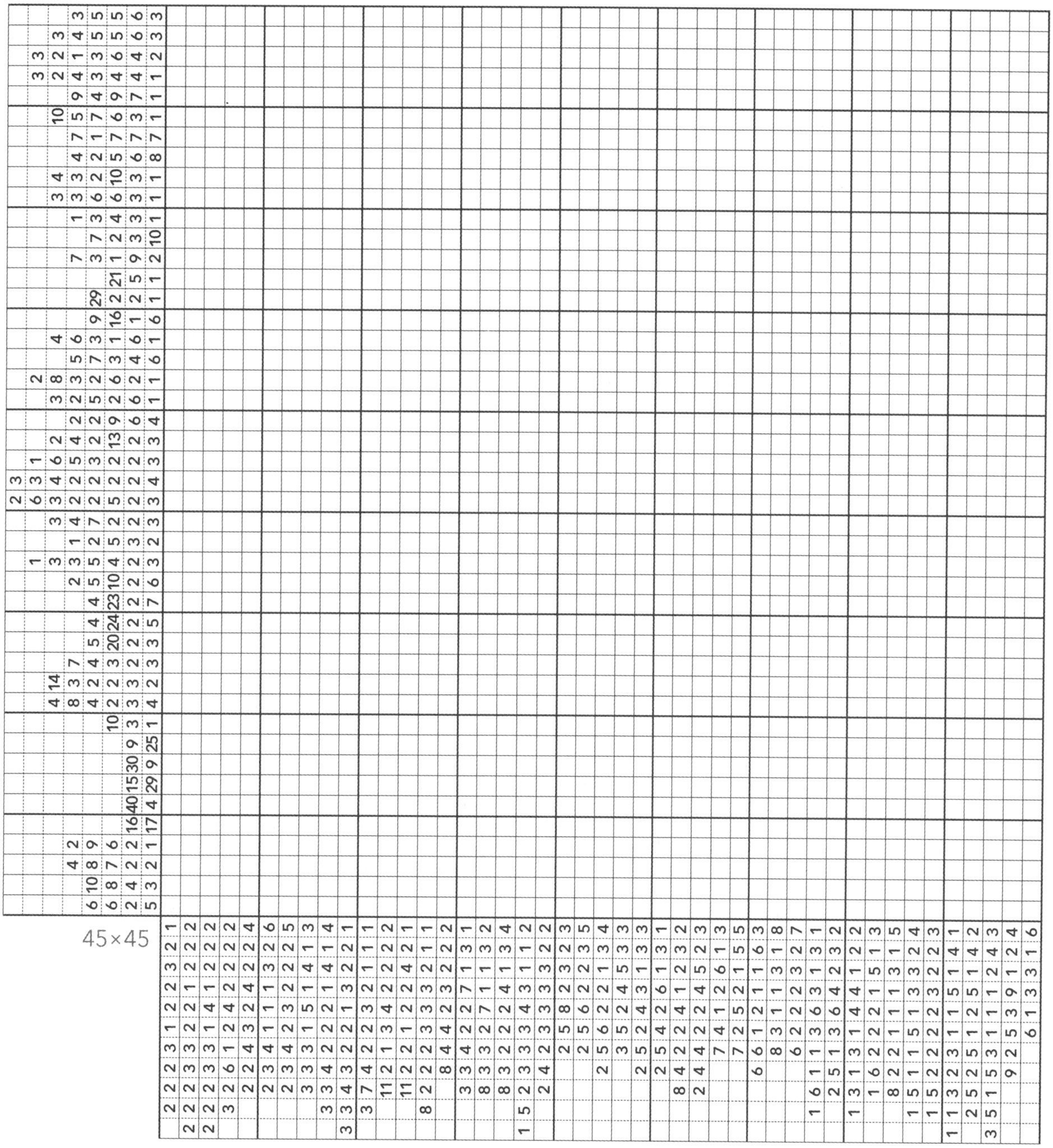

45×45

A20 와인 감별사라고 불려요

난이도 ★★☆☆☆

45×45

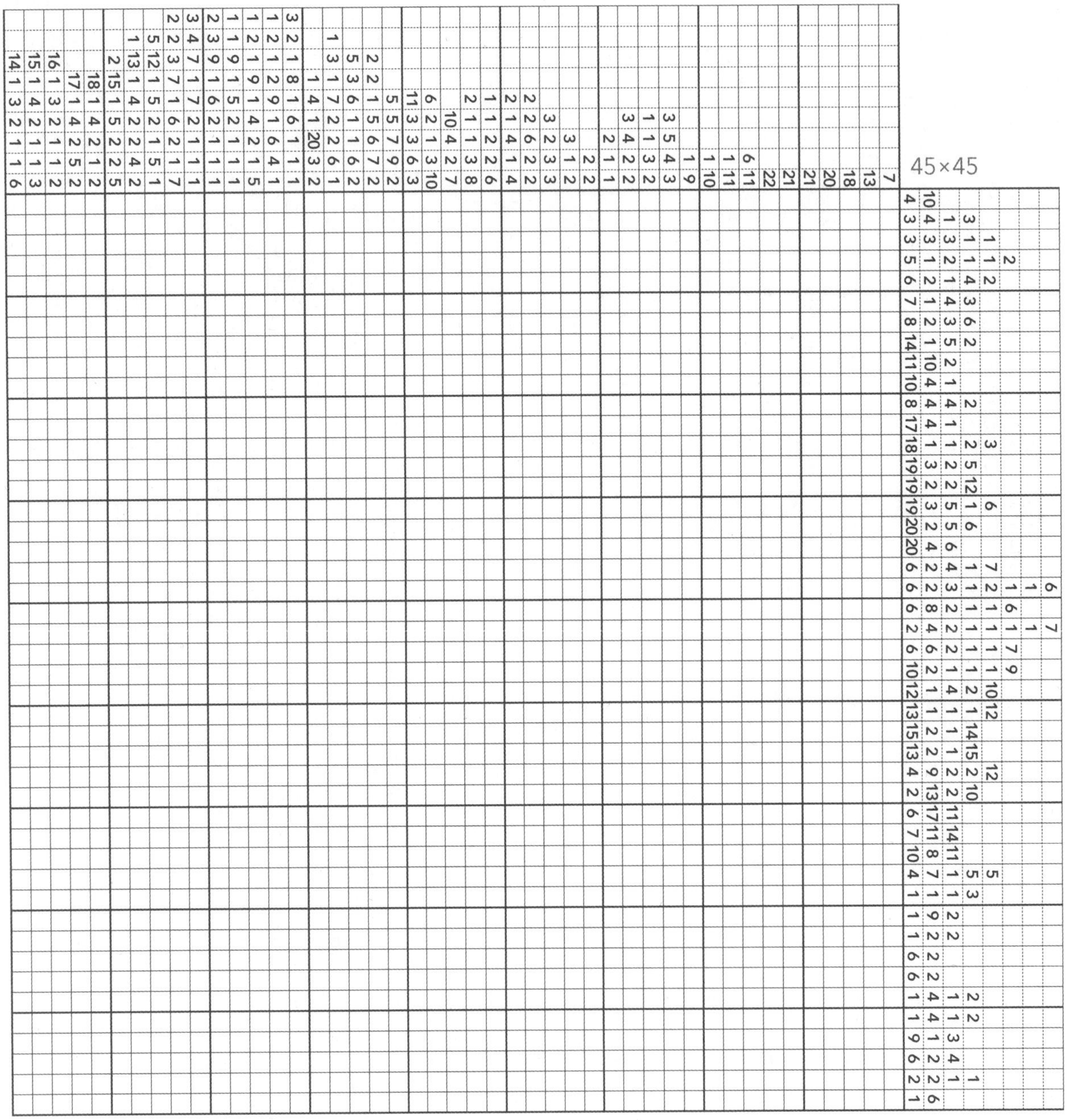

A21 약 올라요!

난이도 ★★☆☆☆

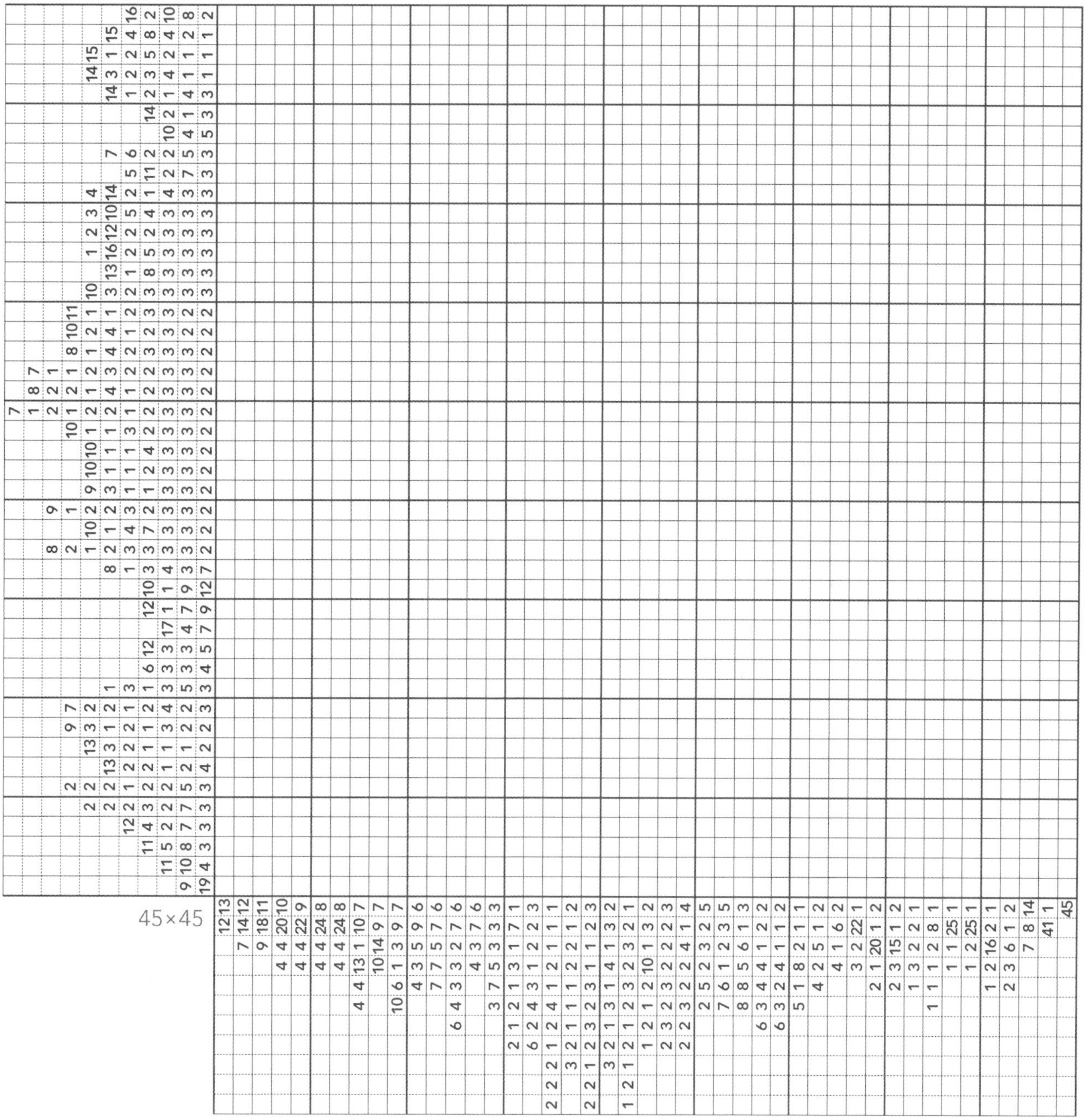

45×45

A22 화들짝!

난이도 ★★☆☆☆

45×45

1 2 20 2
2 2 20 2
2 1 1 5 1 6 3 1
3 5 1 4 3 4 3
4 3 3 1 2 1 1 2 3
4 2 3 2 2 2 2
7 2 2 2 3 2 1
6 4 1 2 2 2
6 5 1 2 1 3
6 6 1 2 1 4
6 9 2 2 6
6 9 2 9
5 14 1 10
5 7 3 13
4 1 4 3 12
4 1 1 2 3 2 12
4 2 1 1 1 7 1 12
5 1 2 5 3 1 12
1 2 2 2 2 1 12
2 2 2 1 4 1 11
2 1 4 10 10
6 9 8
2 3 7 1 6
3 2 3 1 6
2 2 1 1 1 1 5
2 2 1 3 2 5
2 3 3 1 2 5
2 4 5 5 1 3 5
2 4 3 1 3 1 3 6
3 4 3 1 3 1 11
3 4 4 5 11
2 7 4 12
2 4 1 1 12
2 3 3 4 2 12
2 6 1 2 4 12
4 3 12
7 4 3 14
6 5 3 15 3
5 4 3 17 4
3 5 3 17 4
6 29 5
8 27 6
7 25 7
10 21 8
13 17 10

18 1 11
17 1 2 12
15 3 4 2 10
14 1 3 3 4 5
8 3 2 1 2 3 5
6 2 2 1 2 5
2 3 2 1 4
2 2 1 1 2
1 3 4 7 2
2 2 17 2
1 2 23 1
2 2 3 3 15 1
6 2 2 1 1 1 7 1
4 6 4 5 1 6
11 1 5 2 5
11 7 1 4
15 3 2 1 3 5
2 9 6 4 5
4 6 7 6
5 4 2 4 7
5 3 1 3 2 8
4 7 1 3 2 2 5
3 2 1 1 3 1 2 1 2 6
2 3 1 1 3 5 2 1 7
4 1 1 2 5 1 1 7
2 3 2 4 5 1 8
3 2 1 1 1 2 8
4 1 2 2 2 9
5 2 1 3 9
5 2 2 2 3 11
4 2 2 3 14
3 2 16
2 2 6 20
3 10 21
5 8 17
7 10 14 1
5 12 14 1
2 17 14 2
3 30 3
29 4
27 5
25 7
21 8
13 8
8 8

A23 무슨 일 때문에 얼굴이 빨개졌을까요?

난이도 ★★★☆☆

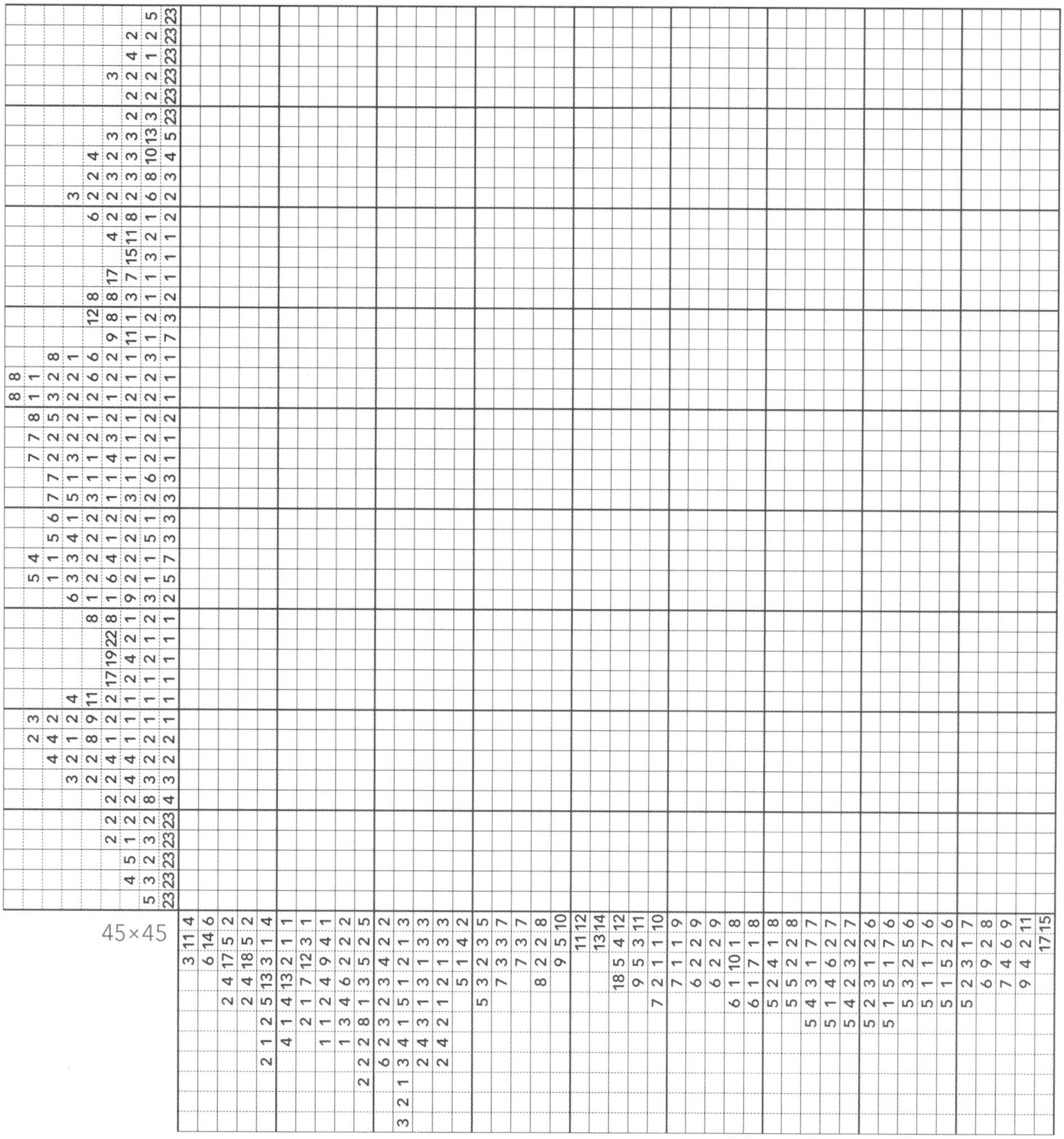

45×45

A24 내 눈을 믿을 수가 없어요

난이도 ★★★☆☆

45×45

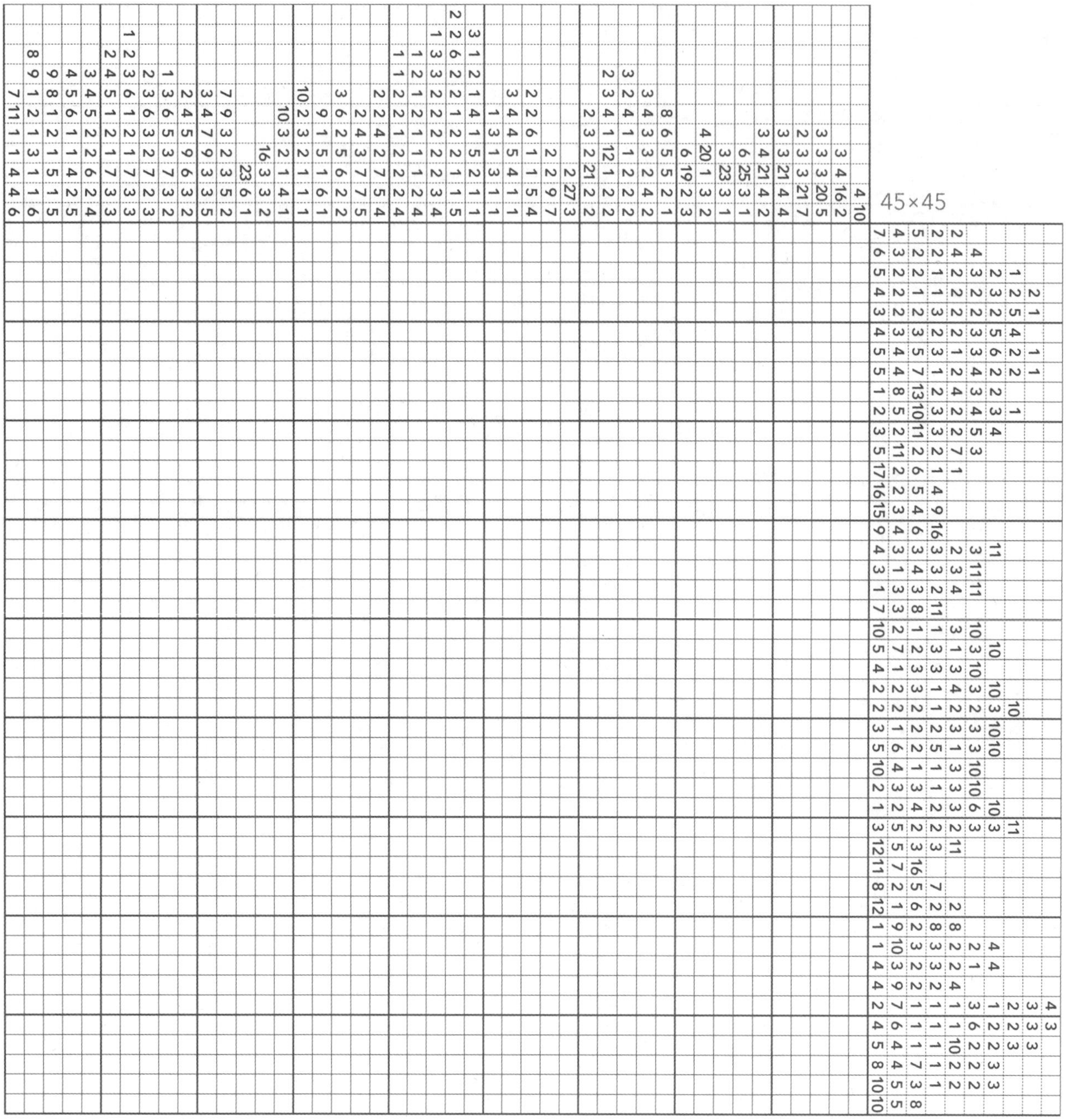

A25 추억을 남겨요

난이도 ★★☆☆☆

40×50

열	세로 힌트
1	2 2 1 3
2	2 2 3 2 5 3
3	2 2 3 3 2 1 6 3 1
4	3 2 1 6 2 1
5	2 2 1 2 1 9 1
6	2 10 14 1 7 1
7	2 3 4 1 1 1 5 1 1
8	5 2 4 1 1 3 3 1
9	5 3 2 2 2 2 1 1 3 3 1 1
10	3 1 3 2 1 1 4 1 1 6 1 1
11	5 3 2 1 1 4 1 1 4 1 1
12	5 3 2 2 2 2 1 1 3 1 1
13	4 3 2 4 1 1 3 1 1
14	8 3 2 1 1 3 1 1
15	9 2 6 1 1 3 1 1
16	2 2 2 8 1 2 3 1 1
17	2 2 2 3 3 1 4 3 1 1
18	2 12 4 7 1 3 1 1
19	2 11 6 4 2 3 1 1
20	2 2 2 2 6 1 1 4 3 1 1
21	2 11 6 5 1 3 1 1
22	2 2 2 2 1 4 1 1 3 3 1 1
23	2 12 4 6 1 3 1 1
24	2 2 2 3 3 1 4 3 1 1
25	2 2 2 2 8 1 2 3 1 1
26	2 2 2 2 6 1 1 3 1 1
27	8 2 1 1 3 1 1
28	5 2 4 1 1 3 1 1
29	1 1 1 3 2 6 2 1 1 3 1 1
30	3 1 3 2 2 2 2 1 1 4 1 1
31	3 1 3 2 2 2 2 1 1 5 1 1
32	3 1 3 2 6 2 1 1 3 3 1 1
33	2 1 3 2 4 2 1 1 3 4 1
34	2 2 4 1 1 4 2 1
35	3 8 14 1 6 1
36	3 1 2 1 8 1
37	3 3 2 1 6 2 1
38	2 4 4 2 1 6 3 1
39	1 3 2 5 2 1
40	2 1 4 3

행	가로 힌트
1	3 8 25 1
2	3 24 11
3	8 6 3
4	3 5 5 2
5	3 11 8
6	2 2 1 2
7	1 2 1 1
8	1 14 1
9	1 12 1
10	1 6 2 1 1 5 1
11	1 6 2 1 1 2 5 1
12	1 6 2 1 1 2 5 1
13	2 2 1 1 2
14	28
15	28
16	2 2 1 1 2
17	1 4 6 4 1
18	1 2 2 8 6 1
19	1 1 1 1 3 3 2 2 1
20	1 1 1 1 3 4 3 2 2 1 1
21	3 1 2 2 2 4 1 2 6 1 1
22	2 4 4 2 6 2 4 1 1
23	3 1 2 6 2 1 3
24	1 1 2 2 6 2 5 3 2
25	1 1 4 3 4 3 5 1 3
26	1 4 3 3 1 1
27	1 2 8 1 1
28	1 2 1 1 1 1
29	32
30	2 2 1 1 2
31	2 2 2 2 2
32	2 2 1 1 1 2
33	1 2 2 1 2 2
34	1 36 1
35	1 1
36	1 1
37	38
38	38
39	38
40	6 2 2 6
41	6 1 2 5
42	4 2 1 4
43	2 1 2 1
44	1 2 1 2
45	2 1 2 2
46	2 28 1
47	1 2
48	2 2
49	1 1
50	39

A26 축하 파티를 해요

난이도 ★★☆☆☆

40×50

Column	Clues (top to bottom)
1	9 4 4 2 6 4
2	3 5 4 6 2 3 4 3
3	9 4 1 4 2 4 6 2
4	6 1 6 4 3 9 1
5	9 4 6 4 2 7
6	8 5 4 2 2 7
7	9 2 2 3 6
8	3 11 3 6
9	3 11 2 2 2 4 1
10	3 8 2 4 2 2 3 2
11	5 3 1 2 2 4 2 3
12	3 8 3 2 1 6 2 4
13	3 5 1 8 2 4
14	3 8 3 2 9 2 4
15	12 3 15 4
16	12 3 2 10 4
17	7 2 5 2 9 4
18	2 2 1 2 1 5 3 4 4
19	2 1 3 6 2 2 7 4
20	5 10 3 5 4
21	5 10 2 5 4
22	6 5 4 2 3 4
23	1 4 13 2 8 5
24	6 6 4 2 3 4 1 4
25	3 4 1 5 3 1 1 2 1 3
26	17 3 3 1 1 8 3
27	5 8 2 2 1 1 1 1 8 3
28	1 11 5 1 1 1 1 1 3
29	1 6 5 1 1 3 2 1 4
30	3 5 1 2 2 2 5
31	6 7 2 8 4
32	2 12 2 2 4
33	6 3 2 3 1 1 8 1 2
34	6 4 3 2 1 6 3 2 2
35	3 1 3 3 2 2 1 1 4 1 1
36	2 5 3 3 2 1 1 1 9 1
37	1 1 4 4 3 3 1 1 1 2 6 1
38	1 2 5 4 3 2 1 1 1 1 2 1 2
39	2 1 3 1 6 2 2 2 1 2 2 2
40	10 3 3 5 8 4

Row	Clues (left to right)
1	5 4 12 5 7
2	10 11 7 2
3	10 6 7 2 3 2 1
4	1 5 3 8 4 3
5	10 17 4 1
6	10 7 3 3 4 2
7	3 6 6 6 2 1 3
8	3 12 3 6 1 5
9	3 18 2 2 2 3 1
10	5 4 4 5 9
11	3 8 3 4 4 7
12	3 8 4 5 4 2 3
13	3 2 2 8 3 4 2
14	12 8 2 3 3 4
15	7 4 6 3 3 7
16	2 11 2 2 7
17	6 2 12
18	5 6 2
19	1 5 4 1
20	2 3 8
21	4 4 5 3
22	2 3 2 8 3 3
23	6 2 1 2 5 2 2
24	6 4 2 2 2 1
25	6 2 4 2 1 1
26	4 2 4 4
27	3 4 2
28	2 3 5
29	4 6 4 7
30	4 3 1 1 4 2
31	2 2 3 2 7 1
32	2 8 1 1 6
33	2 4 9 1 1 2 2
34	2 3 11 1 7 6 1
35	2 8 1 2 3 2 1
36	1 9 7 1 2 1
37	2 8 2 2 6 1
38	2 6 2 2 1 2
39	2 5 5 6 1
40	4 3 2 5 2
41	1 1 2 2 3 2
42	1 3 2 2 4
43	6 2 2 2
44	8 2 2 2
45	12 6 2
46	10 1 2 1 6
47	1 8 13 6 2 2
48	2 6 22 1
49	3 3 25 3
50	4 32

A27 안에 크림이 달콤해요

난이도 ★★☆☆☆

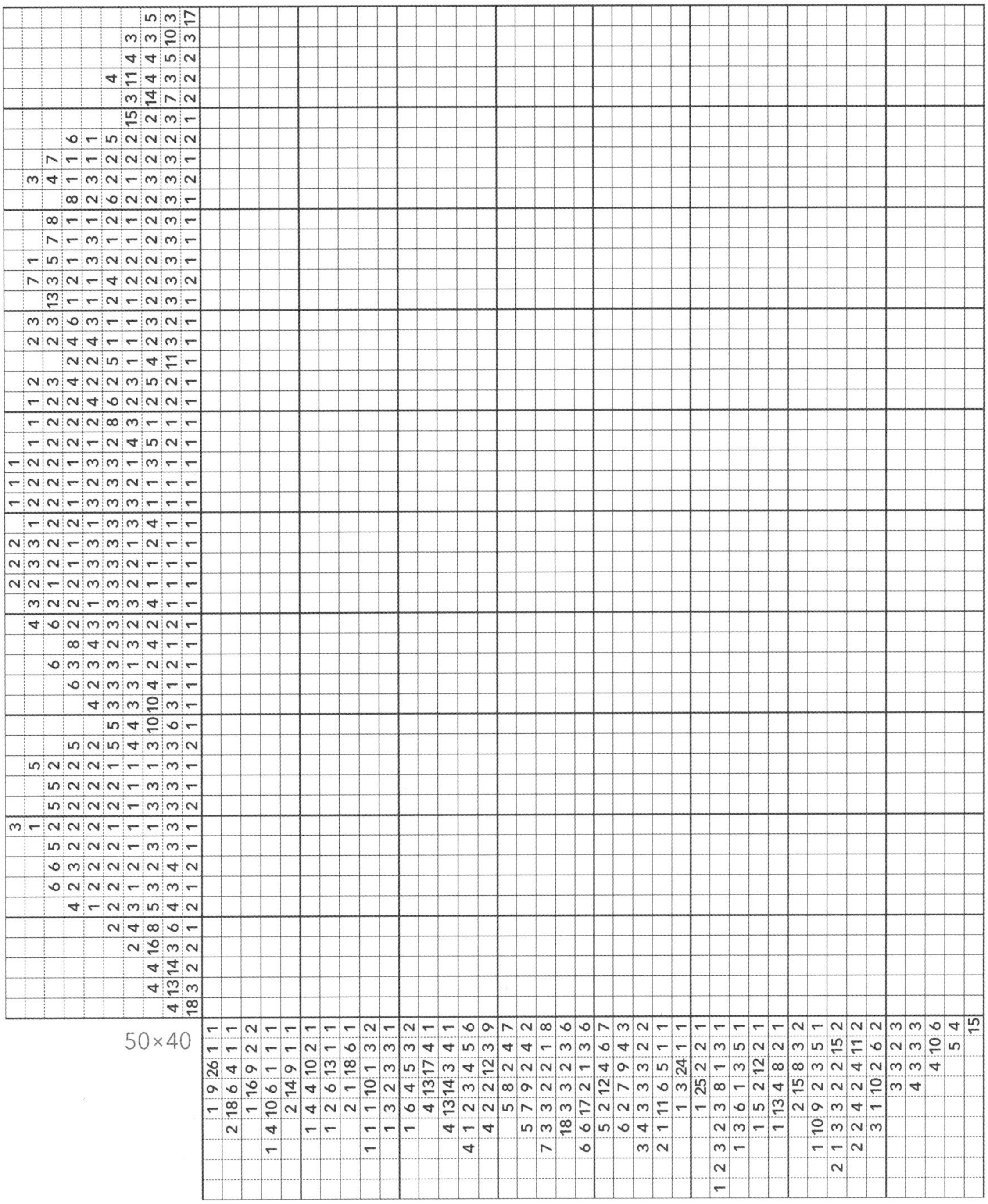

50×40

A28 게임을 할 때 필수예요

난이도 ★★☆☆☆

50×40

1	11 9
2	13 12
3	14 13
4	15 15
5	16 16
6	16 17
7	17 17
8	3 11 8 4
9	2 12 8 3
10	1 5 6 5 2 2
11	1 3 2 4 8 2 1
12	2 1 2 2 13 2 2 2
13	2 1 4 8 2 2 2 1 2
14	2 1 1 4 1 1 1 4 1 1 2
15	2 1 2 2 2 6 1 4 1 1 1
16	2 6 2 2 7 2 2 2 1 2
17	2 14 9 2 2 2 2
18	2 4 6 2 10 2
19	6 7 2 7 13 2
20	4 2 3 2 7 4 5
21	3 2 3 3 1 7 3 4 4
22	3 1 3 2 1 7 2 6 2
23	1 2 7 2 1 2 4 2
24	1 2 7 2 1 1 4 2 3 2
25	1 2 3 3 2 10 4 2 7
26	1 2 3 2 10 1 2 7
27	2 2 3 3 10 4 3 2
28	1 3 3 12 6 2
29	2 8 2 8 1 6 2
30	2 3 2 4 3
31	27 2 4
32	37
33	2 5 5 1 1
34	3 11 8 11 2
35	4 9 4 8 2
36	7 4 4
37	10 4 6 1
38	6 6 2 6 4
39	3 14 2 16
40	11 3 6 2 11 7

1	11 1 5 7
2	8 5 7
3	8 6 7
4	7 6 4 1
5	7 9 6
6	7 5 3 5
7	7 4 4 2 2 2
8	8 3 8 4 4
9	8 3 2 3 4 4
10	9 2 2 3 2 2 2 4
11	10 2 1 3 1 2 2 3
12	11 2 1 7 1 2 2 2
13	17 1 4 2 1 2 2 3
14	10 2 1 7 1 2 2 2
15	7 4 1 1 3 1 2 2 2
16	5 2 3 2 3 2 2 2 1
17	5 2 3 2 2 2 2 2
18	3 4 2 9 6 2
19	2 4 3 7 6 1
20	3 2 5 6 1
21	4 2 1 9 3 1
22	6 2 5 4 1
23	3 2 4 5 2 1
24	6 4 5 2 4
25	2 3 4 5 2 7
26	2 3 4 5 2 7
27	2 3 4 5 2 4
28	2 3 4 5 2 1
29	7 4 5 4
30	3 2 6 3
31	7 2 3 6 1
32	5 2 4 4 4 1
33	4 2 5 2 1 4 1
34	6 4 3 4 2 1 1
35	5 1 4 3 1 6 1 2 2
36	6 2 2 3 3 3 1 2 2
37	9 2 4 5 5 2 2
38	11 4 2 5 5 2 2
39	9 2 3 3 3 1 2 2
40	8 8 1 2 2 1 2 3
41	8 2 4 2 2 3
42	7 3 4 2 2 2
43	7 3 4 5 4
44	7 3 2 4 4
45	7 11 4
46	7 4 6 1 2
47	7 4 5
48	8 6 5
49	12 3 3
50	7 7

A29 와장창!

난이도 ★★☆☆☆

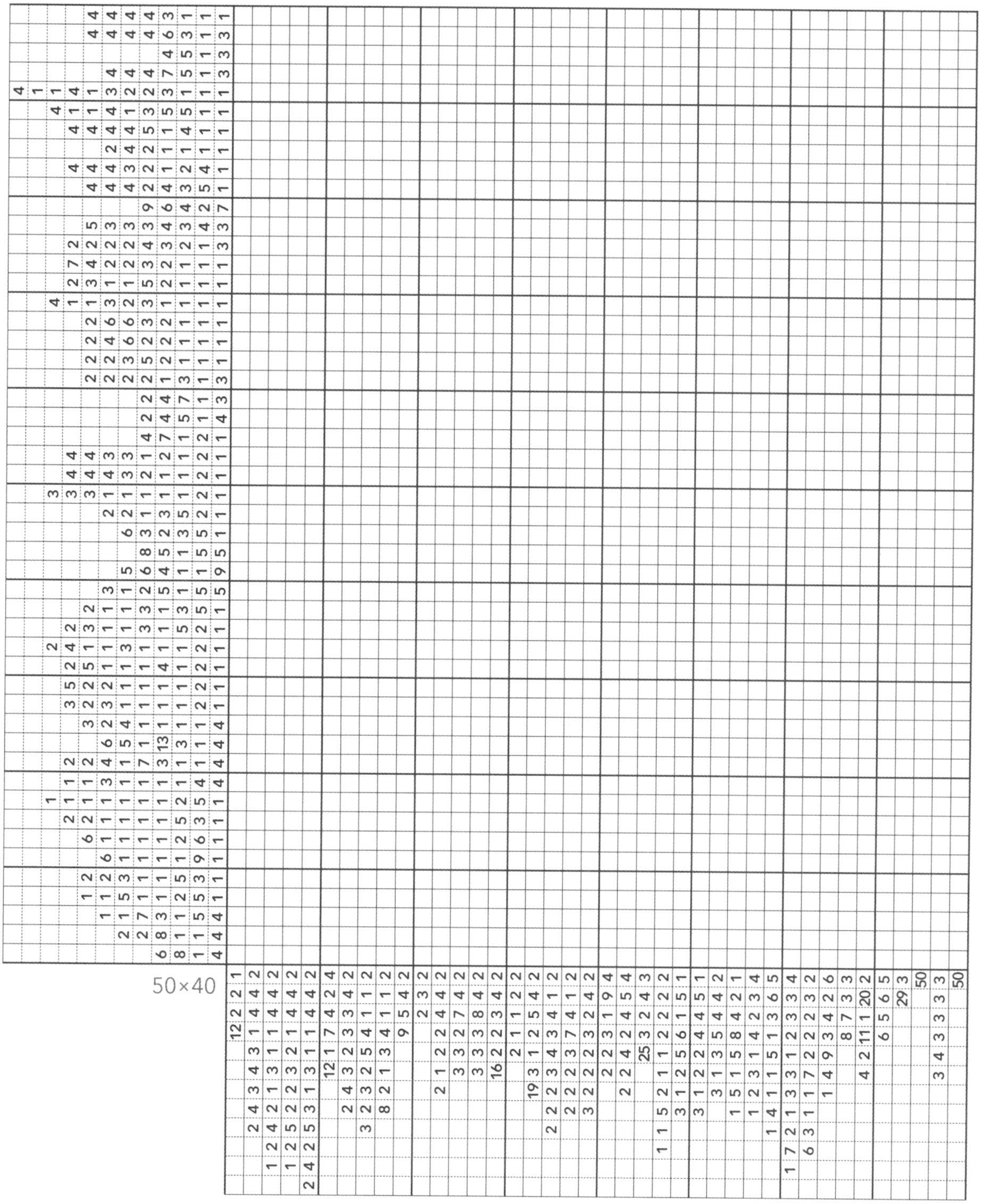

A30 몸에 흰 띠가 있어요

난이도 ★★☆☆☆ (2.5)

50×40

세로 열	힌트
1	22 11
2	8 2 10 2 1 7
3	7 1 8 2 2 4
4	7 1 1 1 2 4
5	8 2 2 1 1 1 2
6	15 2 1 2 2 3
7	2 2 7 3 1 2 4
8	1 1 7 2 1 2 2
9	1 1 2 2 2 2
10	1 1 7 2 3
11	2 1 3 12 3 3
12	18 5 3
13	14 1 2 5
14	13 3 2 8
15	12 2 1 12
16	6 2 3 2 2 1 5
17	3 1 1 5 2 1 4
18	2 2 1 2 2 2 1 3
19	4 1 3 2 3 2 3
20	1 2 3 1 4 1 3
21	2 4 2 5 1 3
22	3 2 2 4 5 3
23	1 4 2 7 3 5
24	1 2 10 10
25	5 3 6 10
26	4 3 1 4 12
27	4 2 2 17
28	4 2 1 1 4 10
29	3 6 2 2 2 3 10
30	3 3 4 2 1 1 3 1 7
31	6 2 1 1 2 2 1 2 6
32	4 2 1 1 1 2 2 8
33	3 2 1 4 1 9
34	3 2 3 4 5
35	2 6 2 1 8
36	2 10 1 5 5
37	2 2 2 1 2 7
38	3 3 2 1 7 6
39	3 1 2 1 2 3 5
40	2 3 1 2 1 11
41	3 5 2 2 9
42	3 5 4 5 2
43	4 3 4 5 1 2
44	4 1 3 5 1 7
45	4 2 2 7 10
46	5 3 14
47	5 2 1 1 5 2
48	6 2 1 1 6 1 2
49	10 11 2 8
50	40

가로 행	힌트
1	50
2	7 9 2 26
3	6 6 1 2 10 2 10
4	7 6 2 1 4 2 1 8
5	10 5 2 3 2 2 4 5
6	6 7 4 2 1 1 4 3
7	6 4 2 2 2 2 1 4 2
8	2 2 5 2 1 2 2 3 4
9	1 1 9 1 2 4 6
10	2 2 4 2 1 2 3 2
11	6 8 2 2 3 1
12	1 1 8 2 2 2
13	1 1 4 2 1 2 4
14	1 1 3 1 2 3 2
15	2 2 1 4 3 4 2
16	2 1 2 2 6 3 4 3
17	2 1 2 2 10 2 4 3
18	2 1 4 8 5 5 4
19	2 1 1 3 4 6 5
20	3 2 2 2 3 4 5
21	3 2 2 2 3 3 6
22	3 1 2 2 6 3 5 2
23	2 1 3 2 4 3 5 1
24	2 1 3 2 7 2 6 2
25	1 5 2 5 4 10
26	11 2 8 2 8 1
27	3 3 3 1 6 2 6 2 1
28	1 2 2 2 6 6 1 1
29	1 4 2 2 2 3 3 1 3 2 1
30	3 2 1 1 2 4 1 1 7 1
31	1 2 1 1 11 1 1 1 2 2 1
32	2 3 1 1 8 2 1 1 2 2 1
33	4 2 1 2 3 7 2 1 1 2 1 2
34	3 2 1 6 7 2 1 1 2 2 2
35	2 2 1 4 10 1 4 2 2
36	4 2 5 18 2 2
37	4 2 7 17 2 2
38	6 2 27 2 2
39	9 26 2 3
40	5 25 2 3

난이도 ★★★☆☆

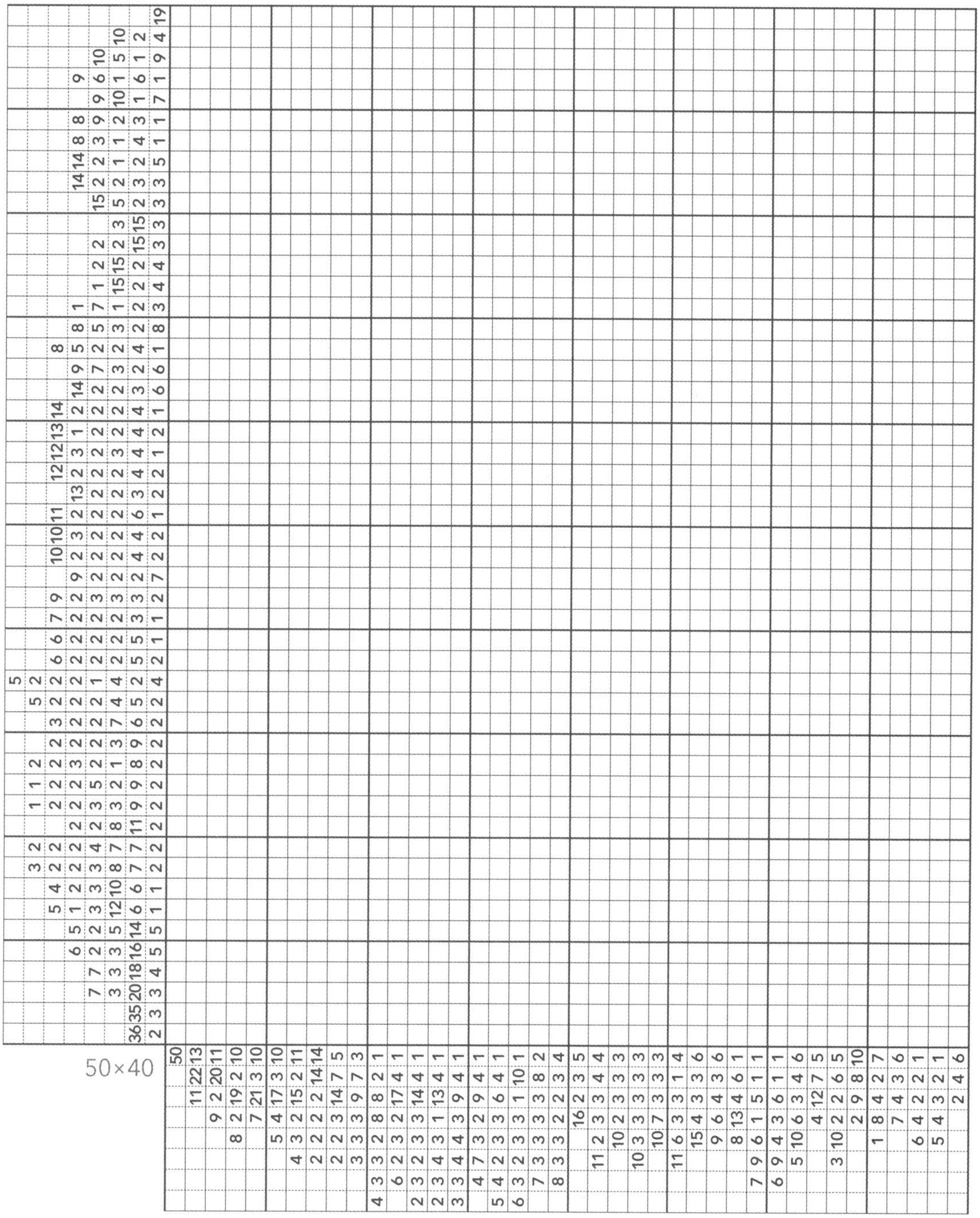

50×40

A32 사계절 푸르러요

난이도 ★★★☆☆

50×40

열	
1	9 40
2	1 2 2 2 39
3	10 39
4	4 6 3 21
5	12 12 16
6	7 10 13 14
7	2 2 1 26 13
8	7 7 6 8 11
9	11 9 4 5
10	11 1 6 14 4
11	20 2 2 4 2 4
12	11 5 1 2 3 2 1 4
13	8 8 1 1 2 1 2 4
14	10 8 1 1 1 2 4
15	23 3 5
16	4 4 2 4 2 6
17	3 7 12 8
18	13 8 5 2 7
19	2 5 2 2 4 2 1 2 3 5
20	1 2 1 2 1 6 1 1 1 4 4
21	6 1 1 2 1 2 1 7 4
22	2 2 2 1 1 2 4 3 3 4 3
23	1 6 5 3 2 2 3
24	1 2 7 1 3 7 10
25	2 3 2 4 6 2 2 2
26	2 2 1 1 2 3 4 1 1 1 1 1
27	5 1 4 3 14 1 1
28	3 2 3 2 2 3 2 2
29	1 1 5 3 1 2 6 4
30	1 1 1 3 1 1 3 1 1 1
31	2 1 1 14 1 1 2 3
32	8 2 7 2 1 4 3
33	3 3 1 2 3 2 2 5 2 5
34	5 2 2 1 2 4 2 1 5 7
35	1 2 2 2 1 2 3 2 1 1 9
36	2 1 2 2 1 1 1 2 14
37	2 1 3 2 1 1 4 15
38	6 1 5 2 17
39	3 2 3 18
40	4 5 20

행	
1	9 4 5
2	1 7 2 2 4
3	6 3 1 2 5
4	6 3 1 1 1 1 2
5	1 1 7 1 1 1 1 1 2
6	11 3 2 7 2 1
7	6 4 2 3 3 2 2 1
8	1 3 1 4 1 2 1 6 1 1
9	6 5 1 3 1 2 2 1
10	11 1 1 6 1 2 3
11	1 9 3 3 1 1 1 2
12	3 4 4 5 1 2 2 1
13	4 17 1 3 4
14	4 4 9 1 1 2
15	4 11 3 2 1 2
16	3 2 1 5 1 1 2 2
17	3 11 1 1 2 4
18	3 11 1 3 2 2
19	3 1 5 3 2 2 2 2
20	3 8 3 4 1 1 1
21	3 13 1 2 1
22	3 4 10 1 2 2
23	3 3 3 8 3 2
24	3 3 5 2 6 3 2 2
25	3 3 8 11 2 1
26	3 3 25 1
27	3 3 3 4 10 1
28	3 3 3 4 2 2 2
29	3 2 2 2 2 3 2 1
30	4 3 5 1 1 1 2 2
31	4 3 2 2 1 2 2 4 2 2 1
32	4 3 1 5 2 2 2 1 1
33	4 2 1 1 4 1 1 2 1 2
34	4 2 3 8 1 1 2 1 5
35	5 5 3 2 3 4 3
36	5 3 3 3 6 1 2 4
37	6 5 1 2 6 2 2 5
38	7 5 1 1 8 1 5
39	7 2 2 1 2 5 1 5
40	8 3 3 1 2 4 1 5
41	8 1 2 2 4 1 1 1 2 5
42	8 1 1 3 1 2 1 3 6
43	8 1 2 1 4 2 1 1 6
44	8 2 2 2 8 1 7
45	8 3 3 4 2 2 7
46	9 5 5 4 8
47	21 2 1 8
48	22 1 2 1 10
49	22 2 2 10
50	22 4 11

B33 휘날리는 수염이 잘 어울려요

난이도 ★☆☆☆☆

로직홈(https://logichome.org) 노사초 님 제작

50×50

Column	Clues (top to bottom)
1	25 1 22
2	2 2 2
3	1 1 1 1 1 1 1
4	1 2 1 1 3 1 1
5	1 3 2 1 1 2 1 1
6	1 2 1 1 1 1 1 1 2 1 1
7	1 1 4 1 3 2 2 1 1 1
8	1 4 1 4 1 1 3 2 1
9	1 1 3 2 1 2 2 1 3 3 1
10	1 1 4 1 3 3 1 3 2 2 1
11	2 3 2 2 1 1 1 1 2 3 1
12	2 3 1 2 2 1 2 4 2 1
13	3 3 3 3 1 2 3 3 1
14	1 2 3 2 2 3 1 2 4 1
15	2 1 3 2 1 2 1 1 1 5 1
16	2 1 3 1 1 2 2 2 1 2 1 1 1
17	1 2 3 2 2 1 2 2 4 2 1 1
18	4 6 1 2 7 1 1 6 2
19	1 2 7 4 4 1 2 2 1 5
20	1 3 4 2 3 1 1 2 3 1 2 7
21	2 3 6 1 2 1 3 2 4 3 2 1
22	1 12 2 3 2 1 1 1 2 3 2 2
23	1 1 1 1 2 1 1 2 1 4 1 1 1 2 4 1 1 2
24	1 1 3 2 5 1 4 3 1 3 1 1 2 2 1 1
25	2 1 1 1 1 1 1 2 2 2 2 2 2 1 2 2 1 1
26	2 1 1 2 1 1 2 2 2 1 5 2 2 1
27	1 2 1 1 2 2 9 2 3 1 2 1 1
28	1 3 4 1 2 1 3 1 1 1 2 2 1 1 1
29	1 3 1 2 1 1 3 1 1 1 5 5 1 2 1
30	1 5 1 1 4 3 2 3 3 4 1 1
31	1 10 4 1 3 1 4 4 2 1
32	1 2 1 5 1 3 1 1 3 2 2 3 2 1
33	1 1 2 3 2 2 5 5 7 1
34	1 1 1 2 1 2 3 3 2 2 1 1
35	1 4 2 3 2 15 2 1
36	1 2 3 5 3 3 3 1
37	1 2 4 3 3 4 1
38	1 1 6 2 3 2 3 1
39	1 2 8 2 3 1
40	1 1 3 3 2 6 1
41	1 2 3 5 2 2 1
42	1 2 2 4 2 2 1
43	1 2 2 1 1 2 1
44	1 2 1 1 2 2 1
45	1 1 1 3 2 1
46	1 3 2 1 1
47	1 2 1 1 1
48	1 1 1 1 1
49	2 3 2
50	26 1 21

Row	Clues (left to right)
1	10 8 24
2	2 8 1 2 2
3	1 4 2 3 2 2 1
4	1 1 2 6 1 2 2 1
5	1 4 4 1 2 2 1 1
6	1 2 1 4 1 1 1
7	1 5 2 1 1 1
8	1 1 1 1 2 1
9	1 3 1 2 1
10	1 4 2 1
11	1 2 2 1 1 1
12	1 4 1 3 1
13	1 4 1 1 3 1
14	1 17 1
15	1 3 1 1 1 3 3 1
16	1 2 3 2 3 4 1
17	1 14 2 3 1
18	1 4 4 9 2 1
19	1 12 9 1 6 2 1
20	1 13 3 1 1 2 1 6 2 1
21	1 2 3 3 6 1 5 1 6 3 1
22	1 2 2 3 4 11 2 2 3 2 1
23	1 5 3 5 1 5 1 3 2 1 3 6 1
24	1 3 4 2 3 2 1 1 1 4 1
25	1 3 2 2 1 1 1 1 1 1 7 1
26	3 3 4 1 3 1 1 2 2 2 2 2 1
27	2 3 1 2 3 1 1 2 2 3 2 2 6
28	4 3 1 4 1 3 9 1 2 2 2
29	1 3 2 2 5 4 7 2 1 5
30	1 5 3 2 2 2 2 1 1 2 2 2 2 1
31	1 2 1 2 1 3 1 1 3 1 2 2 1
32	1 3 2 2 1 2 1 3 2 3 2 1 2 1
33	1 1 2 2 1 2 3 12 1 3 1
34	1 2 2 2 2 2 1 2 2 1 2 2 1
35	1 1 2 1 2 7 1 1 1 1 1 1
36	1 1 3 1 3 3 1 1 1 3 2 2 1
37	1 1 2 2 2 2 3 1 2 3 2 2 1
38	1 3 8 2 1 1 2 3 6 1
39	1 2 2 2 1 1 1 3 3 2 1
40	1 2 2 3 1 2 4 3 1 1 1
41	1 6 3 1 2 6 2 1
42	1 1 7 1 2 7 1 1
43	1 1 5 2 4 2 2 1 2 1
44	1 5 2 5 2 2 4 1
45	1 6 2 2 3 1 3 1
46	1 3 4 3 1
47	1 4 4 1
48	1 4 4 1
49	2 3 2 2
50	17 4 27

B34 소중한 생명이 몸 안에 있어요

난이도 ★★☆☆☆

50×50

Column clues (left to right, read top to bottom)

Column	Clues
1	8 14 17
2	8 12 4 12
3	3 3 9 3 2 9
4	3 2 8 3 1 8
5	3 2 7 4 1 7
6	1 2 6 4 1 6
7	1 2 5 4 1 5
8	2 2 5 5 2 5 3
9	6 2 4 2 3 4 3
10	3 6 4 3 5 5
11	1 11 3 13 4
12	1 16 5 4 2
13	8 9 2 3
14	8 5 2 1 2
15	11 2 2 1 3
16	9 2 2 1 1 1 2
17	8 2 3 1 2 2 2
18	9 2 3 1 3 1 2
19	11 1 1 2 2 1 3
20	11 2 4 1 1 4
21	7 1 1 5 1 1 2
22	7 1 1 4 3 2
23	5 3 5 4 3
24	5 3 6 5
25	3 3 5 2 3 6
26	6 1 6 3 2 1 6
27	1 11 3 2 2 1 1 6
28	2 7 1 2 2 3 1 1 6
29	4 1 3 3 7 1 1 8
30	7 1 2 2 5 4 1 1 10
31	8 3 2 2 2 4 2 1 10
32	2 1 3 1 1 1 3 3 1 1 6
33	1 1 4 3 2 3 1 5 5
34	1 1 4 2 1 1 3 1 2
35	1 1 5 4 1 2 1 4 3
36	3 1 5 4 1 2 1 9
37	3 2 5 2 1 2 1 2
38	8 5 1 2 1 2 1 2 1 1 2
39	8 5 5 1 2 1 3 3 2
40	8 5 2 2 2 1 4 3 3 2
41	8 4 2 1 3 1 4 3 3 1
42	8 4 1 1 3 1 3 3 2 1
43	8 3 1 1 3 1 2 1 2 1
44	8 1 2 2 2 4 1 16
45	8 1 3 1 1 4 5 1 1 4
46	8 6 2 2 4 4 3 3 3 1
47	8 1 1 2 5 5 3 4 3 3 1
48	8 1 1 3 6 1 5 3 3 1
49	8 1 1 4 7 1 4 3 2 2
50	8 9 9 1 1

Row clues (top to bottom, read left to right)

Row	Clues
1	12 10 24
2	5 3 14 5 15
3	5 2 16 3 15
4	2 1 17 3 13
5	2 1 14 3 2 13
6	3 1 12 3 2 13
7	8 13 3 2 14
8	8 11 2 20
9	7 4 5
10	3 1 2 2 2
11	8 3 1 2 3 24
12	8 4 1 1 13 1 1
13	9 4 2 25
14	9 5 1 1 2 10 3 1
15	8 4 3 5 6 6
16	6 6 1 5 3 5
17	5 8 3 6 2 1 4 3
18	4 8 10 2 3 5 3 2
19	3 6 1 6 1 4 2 2 1
20	2 4 2 5 3 2 1 1
21	2 3 2 2 2 3 2 2 2 1
22	2 2 2 2 2 2 1 3 2 1 1
23	1 2 1 2 2 1 1 2 1
24	1 1 2 7 2 2 3 2
25	2 1 2 1 2 3 5 3
26	1 2 2 2 2 8 4
27	1 2 4 3 7
28	2 2 6 10
29	1 2 22
30	1 2 22
31	1 1 2
32	1 6 2 24
33	3 4 3 2 3
34	2 4 2 2 4 4
35	2 4 1 3 1 5 3 2
36	3 3 2 1 4 2 3
37	4 2 7 5 4
38	5 6 2 2 4
39	6 1 3 2 4 5
40	8 4 3 1 1 7
41	9 2 4 5 1 4 1 4
42	11 3 11 2 7
43	12 2 2 11 1 3 1 4
44	13 5 11 1 5 1
45	2 1 1 2 9 1 6 4
46	2 7 8 1 7
47	1 5 4 1 5
48	2 2 2 2
49	1 15
50	1 6 1

B35 그 생명과의 첫 만남이에요

난이도 ★★☆☆☆

50×50

Column clues (top to bottom):

Column	Clue
1	21 8 12
2	20 12 2 9
3	19 14 2 8
4	19 15 2 7
5	19 10 1 2 2 6
6	18 8 1 2 5
7	11 2 6 2 4 5
8	7 6 8 1 3 4
9	6 11 7 3 1 1 4
10	4 12 4 3 1 1 3
11	3 14 4 1 1 3
12	2 12 3 2 2 1 1 1 2
13	1 13 3 2 2 1 2 1 2 1
14	8 5 3 5 4 2 2 1
15	10 4 4 2 3 7
16	10 4 6 2 2 4
17	12 2 1 2 2 2 2 3
18	12 2 1 2 6 5
19	12 1 1 4 2 2 2
20	12 2 1 1 1 4
21	12 3 2 2 1 1 3
22	12 2 2 2 1 10
23	11 2 1 2 1 1 1 2 1 3
24	13 2 2 2 1 1 1 1 2
25	12 2 1 2 1 1 2 1 3
26	11 3 2 3 2 1 1 1 1 1
27	10 2 7 1 1 2 1 1
28	10 1 3 1 2 1 1 2
29	11 2 4 2 1 1 1 2
30	11 5 2 2 2 1 1 2 2
31	12 3 1 2 1 1 1 2
32	12 1 2 1 1 2
33	13 1 2 1 2
34	13 2 3 2
35	13 3 2 2
36	14 10 2 2 1
37	14 6 3 2 1 1
38	13 3 2 1 2 1
39	12 4 3 2 1
40	12 4 2 2 1
41	11 5 1 2 2
42	10 7 1 1 2
43	12 7 1 2 2
44	15 9 3 2 3
45	7 14 6 1 12
46	6 12 8 4 6
47	5 20 6
48	6 20 2 4
49	5 11 3 6 3
50	5 10 3 3

Row clues (left to right):

Row	Clue
1	13 21
2	12 25
3	11 28 3
4	10 31 6
5	9 40
6	9 40
7	8 41
8	7 40
9	7 38
10	7 5 31
11	7 5 12 16
12	6 7 6 2 14
13	6 9 2 12
14	6 12 2 1 6 3
15	6 11 2 1 3
16	6 4 3 1 2 4
17	13 1 2 3
18	7 9 2 4
19	5 5 1 5
20	2 4 6 2 4
21	1 9 3 1 1 2 5
22	11 1 3 2 2 6
23	10 2 2 2 2 1 2 2 6
24	8 1 2 3 2 2 3 2 6
25	9 3 2 3 3 3 6
26	6 2 2 2 2 3 7
27	6 1 3 2 2 8 9
28	6 1 13 9 4
29	5 2 2 2 6 8 4
30	5 3 2 1 5 13
31	4 1 2 3 6 1 3 12
32	4 1 4 3 1 2 8
33	4 2 1 2 7
34	3 2 2 2 1 7
35	3 2 1 1 2 2 6
36	3 4 1 1 4 9 2 5
37	5 2 1 1 1 4 13
38	5 12 1 1
39	20 2 4 2 1
40	3 6 1 4 2 1
41	1 5 2 1
42	2 2 6 2 1
43	3 7 2 1
44	4 2 3 3 2
45	5 8 8
46	7 2 4 3
47	9 16 4
48	11 9 7
49	12 10
50	14 15

B36 머리가 화려해요

난이도 ★★☆☆☆ (2.5)

50×50

Column	Clues (top to bottom)
1	4 1
2	5 3 3 4 1
3	6 8 5 1 1 1 4 2
4	24 1 1 4 4
5	5 11 11 2 2
6	8 11 7 1 1 2 2
7	9 11 5 3 2 2
8	11 4 5 5 4 3 3
9	14 3 4 5 2 3
10	2 7 7 1 17 5
11	2 6 1 1 3 4 4 2 9 3
12	11 6 2 2 5 3 4
13	4 7 1 7 5 5 3
14	6 4 1 16 7 2 2
15	7 2 6 2 1 13 2 2
16	18 1 2 5 3 1 4
17	15 1 1 6 2 1
18	11 5 5 2 2
19	3 6 8 6 1 1
20	4 6 3 1 5 1 2
21	4 6 2 1 4 1 1
22	6 3 1 1 3 4 1 6
23	7 2 2 3 5 7
24	13 1 2 3 4 7
25	10 2 2 1 3 2 2 2
26	9 3 1 3 2 1 8
27	7 4 1 3 1 6 2 1
28	1 3 1 5 1 3 2 2 1
29	3 2 2 2 1 2 2 2 2
30	10 3 1 1 2 2 3
31	16 2 2 4
32	9 7 2 2 5
33	11 9 3 2 5
34	4 4 1 3 8 3 2 5
35	3 5 1 3 6 2 5
36	2 4 1 5 2 2 1 5
37	1 5 1 6 9 2 5
38	1 2 4 4 3 13 6
39	1 3 7 11 2 4 5
40	3 3 5 13 14
41	3 1 15 7 2 2 5
42	5 5 5 3 5 3 3
43	1 2 5 2 2 8 2
44	1 2 2 1 5 3 1 3
45	1 2 2 2 3 1 2 5
46	2 1 2 8 8
47	1 2 2 4 10
48	3 2 1 12
49	1 2 13
50	5 14

Row	Clues (left to right)
1	1 5 5
2	5 15 2
3	18 7 6
4	20 13 3
5	1 17 7 1 3 1
6	4 5 7 4 8 2
7	6 7 5 11 3
8	9 8 14 2
9	11 7 3 9 2
10	12 7 2 5 9
11	12 6 2 4 3 1 3 1
12	8 17 3 1 1 2 1
13	2 4 1 1 4 10 1 1 4
14	2 5 1 1 2 7 1 5 2
15	2 8 3 15
16	2 4 1 4 13
17	3 3 1 4 2 4 4 2
18	5 1 1 3 2 2 1 4
19	14 6 3 2 4
20	10 3 3 10
21	8 4 2 4 5
22	7 7 6 2 4
23	6 1 3 2 1 4 2 6 3
24	7 3 4 1 3 2 2 3 2 1
25	7 6 3 1 4 4 1
26	8 1 3 9 1
27	2 6 2 2 9 1 2
28	4 9 1 6 4
29	5 1 4 1 1 11
30	15 3 1 8 2
31	14 1 2 2 5 2
32	10 3 6 1 3 2 2
33	1 7 4 6 2 9
34	7 7 4 2 2 2 1
35	2 6 4 2 4 2
36	4 6 6 2 6
37	1 1 2 13 2 5 1
38	2 8 4 11 4 2
39	1 2 2 3 4 7 1 3 1 3
40	1 1 3 4 2 2 1 2 1 4
41	2 2 1 7 6 2 2 2 5
42	1 2 6 3 2 4 5
43	1 2 1 4 2 6 6
44	2 2 1 2 1 2 8 7
45	1 1 1 5 1 2 17
46	1 1 2 3 3 1 2 9 8
47	2 1 3 3 3 8 6
48	1 4 2 6 7 5
49	9 3 4 6 4
50	11 1 1 2 7 3

B37 로마 시대 승마 훈련에서 유래했대요

난이도 ★★☆☆☆ (2.5)

50×50

Column	Clues (top to bottom)
1	1 5 1
2	1 2 5 1
3	1 2 1 1
4	2 1 1 1
5	2 1 1 1
6	2 1 4
7	2 1 7
8	2 1 7
9	2 2 1 4
10	2 3 4 1
11	2 6 1 10 2
12	2 3 5 1 4 2 4
13	2 4 7 1 7
14	1 7 1 4 1 5
15	6 5 1 3 1 1 4 1
16	5 2 17 3 3 1
17	8 2 3 2 2 3 2 1
18	7 1 2 4 2 4 2 1
19	7 1 7 3 1 2 1
20	6 1 1 9 2 1 2 1
21	6 1 1 2 6 2 1 2 1
22	6 2 2 7 2 1 2 1
23	4 6 9 3 1 2 1
24	23 6 2 1
25	1 3 1 15 5 2 1
26	1 2 13 4 2 1
27	1 2 11 1 2 1
28	2 3 10 3 2 1
29	2 2 10 4 2 1
30	2 3 11 4 2 1
31	2 5 10 2 1 2 1
32	2 18 2 1 2 1
33	2 11 7 2 1 2 1
34	2 12 6 2 1 2 1
35	2 7 1 1 6 4 3 1
36	2 7 1 2 6 6 5
37	2 7 1 1 6 5 7
38	2 8 1 1 5 1 2 3
39	2 7 3 5 1 2 4
40	2 6 2 6 1 7
41	2 6 5 1 4
42	2 6 4 2 3 1
43	1 5 5 1 1 1
44	6 5 1 1 1
45	2 3 2 1 2 3 1
46	1 2 2 1 6 1
47	1 1 1 1 1
48	1 2 1 1 1
49	4 1 2 1
50	3 1

Row	Clues (left to right)
1	14 6 19 5
2	10 9 15 2 1
3	11 1 1
4	11 4 2
5	11 8
6	8 1 9
7	1 3 3 8
8	2 1 2 2 2 8
9	2 1 2 2 10
10	3 2 3 1 11
11	4 2 4 13
12	6 3 3 11
13	1 4 5 9
14	1 5 3 3 6
15	1 7 4 4
16	1 1 2 6 3
17	1 1 13 8
18	1 19 2
19	1 20 4
20	1 1 15 1 1
21	1 1 14 2
22	1 1 14
23	1 1 14
24	1 1 15
25	1 1 16
26	4 13
27	1 3 17
28	6 16
29	2 2 9 2
30	1 6 5 1
31	2 8 8 3 2
32	3 4 10 4
33	16 3 3 3
34	2 2 27
35	2 2 3 2 4
36	1 2 2 2
37	1 2 1
38	1 2 1
39	1 2 1
40	1 1 1
41	1 2 1
42	1 2 1
43	1 2 1
44	44
45	3 31
46	3 4 3 3
47	4 4 2 3
48	3 3 5
49	3 3 4
50	5 7 21 4 9

B38 왕관이 잘 어울려요

난이도 ★★⯪☆☆

50×50

Column clues (top to bottom)

Column	Clues
1	9 33
2	5 3 2 3 4 1 19
3	4 3 2 9 3 1 13
4	3 2 8 4 1 8
5	3 3 2 6 1 6 2
6	5 2 3 6 14
7	3 4 7 21
8	3 2 2 5 16 3
9	4 7 5 3 13
10	3 8 5 12
11	10 6 10
12	23 2 2 1
13	3 9 13 2 3
14	3 9 1 5 1 2 1 5
15	1 8 3 1 2 2 7
16	3 6 2 2 7 1 10
17	3 3 2 2 2 2 18
18	6 3 1 2 2 1 5 8
19	1 2 5 4 4 2 4 8
20	2 1 3 2 1 2 2 3 3 8
21	2 5 1 2 5 4 1 4 7
22	3 1 5 1 1 4 1 2 2 7
23	2 1 3 1 2 1 1 3 1 8
24	1 3 4 1 11 1 3 4 1
25	1 3 1 2 2 4 1 5 1 2 1
26	2 1 3 1 1 2 2 2 4 5 2
27	3 1 4 1 2 2 4 8 2 2
28	3 4 2 1 2 1 9 1 4 3
29	2 1 2 1 3 3 6 1 1 4
30	1 1 3 1 3 1 1 6 2 1 2 3
31	1 1 5 1 2 2 6 4 2 3
32	5 2 1 2 7 6 3
33	5 1 2 6 2 3 2
34	6 1 4 4 2 3 1
35	8 1 1 2 2 2 11
36	10 1 1 2 1 1 2 7
37	4 8 1 2 1 1 2 8
38	9 1 2 1 3 16
39	6 2 2 3 3 10
40	5 3 1 9 7
41	9 6 5
42	4 6 3 3 3
43	4 4 5 1
44	4 4 2 13
45	3 3 7 10
46	4 2 3 3 6 11
47	5 2 3 12 5
48	3 2 4 8
49	3 9 14
50	38

Row clues (left to right)

Row	Clues
1	1 1 1 25 1 1
2	1 1 1 2 3 4 4 6 1 1
3	1 1 2 2 3 1 2 2 7 1 1
4	2 1 1 2 2 8 2 2
5	1 2 1 3 15 5 1 1 1
6	1 1 2 3 3 1 1 6 1 1
7	1 2 1 3 2 2 2 5 2 1
8	2 1 2 6 4 5 6 1 2
9	1 2 1 6 5 2 2 5 1 1
10	1 1 2 7 1 2 2 1 6 2 2
11	3 2 7 1 1 1 2 6 1 1
12	2 1 7 10 1 1 3 2 2
13	2 2 8 3 1 4 2 3 2 1
14	1 2 6 1 1 3 1 4 2 1
15	3 2 4 2 2 7 2 6 3
16	2 3 4 3 4 15 2
17	5 5 1 4 4 7
18	4 9 2 2 5
19	7 9 2 2 2 4
20	7 7 1 3 4 3 3
21	1 5 6 6 4 3 3 2
22	14 3 1 1 3 3 3 1 2 2
23	13 14 3 1 4 2
24	7 6 2 1 1 2 3 3 3 4 1
25	3 2 2 2 1 1 1 2 5 2 1 1
26	1 1 3 2 2 1 2 2 8 4 1
27	1 1 1 6 1 1 1 3 3 4 1
28	1 2 3 1 2 1 1 1 5 1 1 2 1
29	1 2 4 2 2 2 1 10 1 4 1
30	7 1 2 5 14 1 4 1
31	1 3 2 1 6 7 1 4 1
32	2 7 1 2 6 2 2 1 1
33	12 2 9 1 4 1
34	2 9 2 5 2 2 4 1
35	2 7 3 3 6 2 1 4 2
36	2 7 8 6 2 2 2 2
37	2 7 5 2 2 4 2 2
38	3 6 5 1 1 1 2 2 1 2 2
39	3 6 1 2 1 1 1 2 1 1 1 3
40	3 5 1 2 2 1 3 1 1 1 3
41	3 5 2 2 4 1 5 5
42	3 5 12 3 5 5
43	4 3 10 10 5
44	4 3 10 3 8 4
45	4 2 9 3 7 4
46	4 2 10 5 7 3
47	4 1 13 3 6 2
48	4 2 10 3 6 2
49	5 1 8 3 5 1
50	5 1 6 3 5

B39 물고기와 같이 헤엄쳐요

난이도 ★★★☆☆

50×50

Column clues (left to right, each read top to bottom):

1	22 9 5
2	13 18 7
3	10 1 2 8 5 7
4	5 4 10 3 5
5	8 4 14 2 4
6	8 5 16 3 2
7	5 6 4 1 2 2 4
8	4 7 1 6 1 5 3 5
9	1 7 4 2 1 3 2 2 6
10	4 6 1 2 1 1 1 5
11	2 4 4 5 1 2 2 2 6
12	2 1 2 7 2 4 2 2 3
13	2 2 6 3 4 1 2 1
14	3 15 10 2 1
15	19 1 4 3 1 2
16	20 2 4 5 2 1
17	11 4 2 11 3 2
18	7 9 9 2
19	4 14 3 2
20	8 4 2 2 2
21	2 8 2 2 2 2 3 4
22	2 1 3 6 7 8 3 2
23	2 8 4 5 2 1
24	1 4 8 6 1 1 2 2
25	2 4 6 5 2 2 2 3
26	1 6 2 1 1 3
27	1 7 5 1 2 1 1
28	2 7 2 3 4 2 2 2
29	2 6 3 5 7 3
30	4 4 15 2 10
31	3 2 5 4 5 5 1 3 7
32	2 1 8 4 1 11 2
33	1 5 5 5 1 1 8 1
34	5 2 10 1
35	3 9 1 4 3 2 1
36	18 2 2 2 6 1 1
37	8 11 1 10 2 2 1
38	9 10 3 2 1 5 2 1 1
39	19 4 10 3 1 1
40	8 2 5 1 4 2 1 3 1
41	6 4 2 3 2 6 2 1
42	5 3 2 3 8 1 1
43	3 4 8 8 2 2
44	2 6 3 6 5 1 4 2
45	12 4 4 3 2 4 1 1 2
46	16 9 6 2 1 2
47	11 9 8 1 2
48	10 4 7 8 2 2
49	7 15 4 1 2 3
50	3 12 2 3 3 3

Row clues (top to bottom, each read left to right):

1	2 3 3 5 2
2	2 3 5 13
3	3 2 4 7 14
4	3 2 5 3 1 8 6
5	3 3 4 2 2 1 7 6
6	3 4 1 4 2 2 2 3 6 6
7	8 3 5 2 2 2 1 1 6 6
8	11 4 1 1 2 2 1 6 6
9	8 1 4 3 2 2 2 1 5 6
10	6 2 3 4 2 4 1 1 6
11	4 2 1 5 6 2 3 4 6
12	3 2 2 6 8 4 4 2 3
13	2 2 2 1 3 4 6 3 4 1 1 2
14	1 1 2 2 3 13 2 5 2 1 2
15	2 2 2 2 6 7 5 5 1 1 2
16	3 1 2 23 5 1 2 2
17	4 2 1 8 11 7 1 3
18	2 3 2 11 4 8 1 3
19	10 5 5 2 8 2 3
20	7 11 9 1 5
21	3 16 8 5 2
22	16 4 6 1 6
23	7 5 2 3 9
24	14 2 4 10
25	6 2 3 2 5 2 2 4
26	8 2 2 2 1 1 2 9
27	2 4 2 5 4 13
28	13 7 2 3 13
29	7 3 5 2 1 1 3 4
30	6 7 3 6
31	6 5 2 4 11
32	3 1 3 2 2 2 2 5 10
33	10 2 2 3 6 2 3 5
34	2 4 3 5 2 2 14
35	1 1 7 2 1 6 11
36	3 7 1 6 8 4
37	2 3 3 1 7 3 5 2
38	1 3 2 1 15 5
39	2 2 1 1 3 10 3 1
40	2 3 2 2 10 4 2 2
41	1 2 3 1 3 9 4 2
42	2 1 2 4 8 3 5
43	1 2 2 2 1 2 3 4
44	2 2 2 2 2 2 3 4
45	5 3 2 1 1 1 1 1
46	5 5 3 1 2 2 2 4
47	5 9 2 5 6
48	5 6 4 2
49	2 1 5 8
50	2 3 15

B40 날갯짓이 느껴져요

난이도 ★★★★☆

로직홈(https://logichome.org) 노사초 님 제작

50×50

2
5
1 2
3 3
2 2 1
2 1 2 1
2 2 3 1
2 2 1 5
2 1 3 5
1 1 1 10
2 1 7 1 5
1 4 2 1 1 1 4
1 3 1 2 1 2 3
5 6 1 1 1 2 1 5
1 6 1 2 3 1 4 1 3 3
2 3 1 1 1 2 1 2 2 1 3
3 2 1 2 3 2 3 1 2
1 3 4 2 3 1 2 2 2 2
1 2 2 2 1 3 2 3 3
3 3 2 4 2 2 1 1
5 3 1 1 1 1 3 3
1 3 2 4 1 2 3 3
4 2 1 4 2 6 1 1
2 2 2 5 3 2 3 1 1
1 2 2 2 1 4 1 3 2 2 1
2 2 1 2 3 1 1 2 5 2 2
2 4 2 3 5 2 5 2
1 2 1 2 11 3 3 1 2 2
5 3 3 5 5 6 1
2 2 2 1 4 1 5 3 1
2 5 3 2 1 2 2 1 1 4
4 2 2 1 1 2 1 1 2 1 1 1 1 2
2 3 3 4 1 1 2 1 1 2 2
1 5 4 2 2 1 2 2 2 1 1 1 1 1
5 1 1 2 3 2 3 1 1 1 1 1 2
2 2 2 1 1 2 1 5 1 1 1 1 2
1 6 3 1 2 5 2 2 1 4 1 2 2
1 2 2 3 2 2 2 1 2 1 1 2 2 1
4 2 2 1 3 1 1 1 1 1 1 1 1 2 2
1 1 3 2 2 2 2 1 2 3 2 1 2 1 1 2
3 2 5 1 2 1 1 1 1 2 1 2 1 1 2
2 2 1 1 2 1 1 2 1 1 1 1 1 1 1 2 3 1
2 2 2 1 1 4 3 2 1 4 2 1 1 3
4 2 3 3 2 2 1 1 1 1 1 2 3 2
2 1 2 2 2 2 4 1 3 2 1 1 2
4 2 1 1 5 2 3 2 2 1 1 3 1 2
2 2 4 1 1 4 1 1 1 4 1 2 2 1
7 3 3 1 2 3 2 3 2 1 1
5 4 1 1 1 2 2 6 5
20 6 2 3

2
4
2 4 1
2 2 1 2
2 1 1 2 2 1
1 1 3 1 1 2 2
1 3 2 1 2 2 2
1 1 1 2 2 2 1 1 2
2 1 1 3 1 1 2 3 2
1 1 1 2 1 1 2 1 3 1
2 1 1 1 1 3 1 1 3
2 2 1 2 3 1 2 2 1 1 1 3
4 3 2 2 1 1 1 1 1 1 2 1 2
2 2 4 1 2 4 2 1 1 2 2
1 1 4 1 1 1 3 3 3 6
3 3 1 1 1 1 2 3 3 1 2
2 1 1 1 1 1 1 3 1 2 2 3 1 2 1
3 2 1 1 1 2 1 3 4 8
2 1 1 1 1 4 3 2 1 3 1 3
2 1 2 1 1 1 2 3 2 1 1 2 2 2
2 1 2 1 1 1 2 2 1 1 1 1 2 3
3 1 2 2 2 2 2 1 1 3 1 2 2 1 5 1
2 2 2 4 2 3 1 3 1 1 1 1 2 2 2 1 1
2 2 1 1 2 1 1 5 3 8 2 2 2 2
2 1 4 1 1 2 1 2 2 2 2 3 4 1
4 1 5 4 2 4 2 5 2 1 1
5 3 1 3 4 1 2 2 3 3 2 1
1 6 1 1 1 2 2 2 2 2 1 2 2
1 3 1 1 1 3 1 3 1 3 1 2 1
6 4 1 1 7 6 1 2 4
3 1 1 6 2 2 1 1 2 1 2 2 1 1 1
3 1 2 3 3 1 1 2 1 1 2 2
3 1 2 1 1 1 1 3 1 2 1 1 1 1 3
2 1 4 2 1 1 2 2 1 2 1 1 1 1 2 1
3 1 3 1 1 1 3 1 2 1 1 3 1 2
2 2 1 2 1 3 1 1 3 2 1 3 2
3 1 2 1 1 1 3 2 1 5 2 1
4 2 1 1 2 1 1 1 4 6
4 1 1 1 1 1 1 1 4 1 1 2
10 3 2 4 2 1 3
4 3 2 2 2 4 2 4
3 4 2 6 2
2 1 1 2 3 2 2 2
2 4 3 2 2 2 1
2 6 2 3 5
1 2 3 1 2 3 2
1 2 2 3 2 1 3 3 1
2 1 10 1 2 4
1 5 4 2
4 11

B41 영어로는 레인코트라고 해요

난이도 ★★☆☆☆

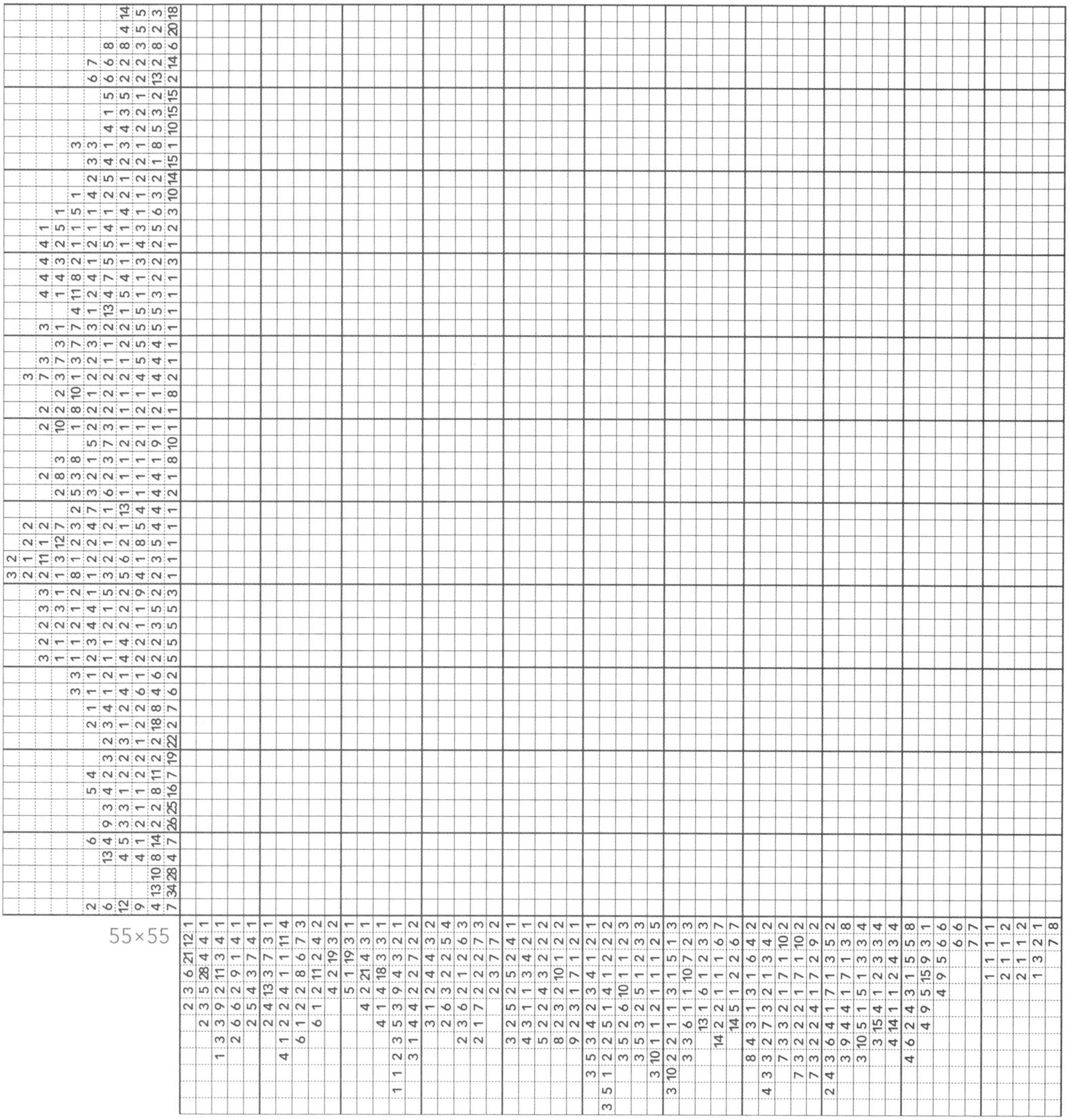

55×55

B42 + B43 줄줄이 이어져 있어요

55×55

Column	Clues (top to bottom)
1	5 4 3
2	6 11 5
3	3 2 3 2 2 5 4 2
4	7 2 3 2 1 3 3
5	7 3 8 2 3 5
6	6 1 3 6 3 2 4 2
7	2 2 1 1 2 3 9 3
8	5 1 16 1 4 5
9	4 3 2 3 9 2 1 2 4 2
10	4 4 1 3 2 1 4 2 5 2 6 2
11	1 2 4 3 8 1 1 9 2 4 5
12	6 1 2 3 1 1 2 3 2 4 2
13	5 1 3 1 1 3 6 6 3
14	5 1 3 1 2 17 4 5
15	5 1 1 3 1 2 13 2 2 7
16	3 3 3 1 3 1 8 2 7 2
17	3 2 8 4 1 6
18	4 6 5 1 4 4
19	4 1 3 4 1 4 7
20	5 1 4 1 2 4 3
21	4 2 3 1 2 2 2 2 2
22	3 2 3 1 4 2 3 2
23	3 2 2 3 3 2 5 5
24	3 2 2 2 1 7 2 2 4 2
25	4 2 3 3 3 2 5 2
26	4 1 2 9 10 1 4
27	2 1 2 23 1 3 1 2
28	1 1 3 23 1 7
29	1 1 1 3 1 1 1 4
30	1 3 4 1 2 1 1
31	2 3 4 1 2 11 1 1 7
32	2 3 5 1 3 2 1 1 9
33	3 1 5 1 4 9 1 1 4 3
34	3 2 5 1 3 11 1 1 3 2
35	1 2 2 5 1 3 13 1 2 3 2
36	5 2 5 1 4 10 1 1 2 2 2 1
37	2 2 5 1 2 1 4 1 1 2 5 1
38	1 2 5 1 1 3 2 4 1 3 3 1
39	1 2 5 1 1 4 1 1 1 3 1 1 2
40	1 2 5 1 1 1 2 1 3 1 1 3 1 3
41	2 2 5 1 1 1 3 2 1 1 1 3 4
42	2 3 5 1 1 3 3 1 1 1 1 2 3
43	2 3 5 1 1 3 1 5 1 1 1 2
44	1 3 5 1 1 1 1 1 1 1 1 2 3
45	1 3 5 1 2 3 2 2 1 1 1 3 4
46	1 3 5 1 3 2 2 1 1 1 5 1 2
47	1 2 5 1 11 2 1 3 1 1 2
48	2 2 5 1 3 8 2 1 2 3 2
49	2 2 4 1 3 12 1 2 2 2 2
50	3 2 4 1 2 2 1 2 5 2
51	2 3 3 1 2 12 1 2 3 2
52	2 2 3 1 2 1 3 3
53	1 2 2 1 1 4 4
54	1 3 2 24 1 9
55	1 2 3 20 3 6

Row	Clues (left to right)
1	18 30 4
2	10 16 4 2 3 5
3	6 19 4 2
4	2 12 4 2 2
5	8 4 1 1
6	6 2 1
7	2 1 1 1 2
8	2 2 3 5
9	3 2 6 7 4 2
10	1 4 2 8 9
11	2 2 2 6 5 4
12	2 6
13	9 17
14	1 2 21
15	11 25
16	11 29
17	9 32
18	1 1 2 1
19	1 1 1 2
20	1 1 29
21	1 1 3 2
22	7 3 2 11 2 2
23	2 1 3 2 4 4 2 2
24	15 3 4 4 2
25	1 9 3 4 3 2
26	10 9 3 2 1 2 2
27	4 2 3 12 17 2 2
28	2 5 3 4 2 3 2 2 5 1 2
29	1 2 1 13 2 1 4 2 2 1 3 1 2
30	4 4 2 1 2 1 4 2 3 1 2
31	5 4 3 1 2 1 5 3 4 1 2
32	2 3 2 1 3 1 2 1 6 2 5 1 2
33	3 2 4 3 1 2 1 13 3 1 2
34	3 2 4 3 1 2 1 5 2 1 2
35	2 2 2 1 3 1 2 1 4 1 1 1 2
36	2 2 4 3 1 2 1 4 1 4 1 1 2
37	4 4 3 1 2 1 3 1 3 1 1 2
38	3 5 4 2 2 2 1 1 2 1 4 2
39	1 2 1 3 1 3 9 1 4 2
40	1 5 3 2 3 8 2
41	3 2 3 1 4 1
42	3 46
43	20 1
44	1 3 30
45	21 7 8
46	13 8 3 4 3 3
47	1 2 2 2 2 2 1 3 3 3 3 3
48	2 2 2 2 1 3 1 4 2 2 9 2 2
49	2 2 2 2 2 2 5 2 2 4 4 2
50	2 2 2 2 2 2 1 6 2 1 2 1 2 2
51	2 2 2 2 3 2 5 2 2 17 2
52	2 2 2 2 2 4 4 2 2 2 5 2 3
53	2 2 2 1 3 2 1 3 3 3 3 3
54	16 8 4 3 10
55	16 6 8 7

55×55

열	힌트
1	2 2 6 3
2	1 2 4 4 4 1 5
3	1 2 1 27 6
4	1 2 2 1 1 1 1 3
5	1 2 3 1 2 1 5 3 3
6	2 2 4 1 2 1 1 1 4 3
7	2 2 4 1 14 1 1 1 2 3
8	3 2 5 1 16 1 1 2 1 2
9	3 2 5 1 17 1 1 1 2 3
10	2 2 5 1 17 1 1 4 3
11	1 1 5 1 12 4 1 1 3 4
12	1 2 5 1 4 5 3 1 1 1 3 1
13	1 2 5 1 3 1 2 3 1 1 6 1
14	1 2 5 1 3 1 2 2 2 1 1 1 5
15	1 2 5 1 2 1 3 3 1 1 1 1
16	2 2 5 1 2 1 2 3 1 1 1 5
17	2 2 5 1 2 1 2 1 1 1 1 1 6
18	2 2 5 1 2 2 1 1 1 1 1 1 3
19	1 2 5 1 2 2 3 3 1 1 3 3
20	1 2 5 1 2 2 4 1 1 1 4 2
21	1 2 5 1 3 3 2 1 1 1 4 2
22	1 2 5 1 4 4 1 1 1 2 2
23	1 3 5 1 6 3 1 1 4 3
24	2 2 5 1 8 3 1 1 4 3
25	2 1 5 1 9 1 4 1 1 3 4
26	2 2 4 1 16 1 1 1 3 1
27	3 1 3 1 2 14 1 1 6 1
28	3 2 3 1 2 1 5 5 1
29	2 1 2 1 1 1 1 1
30	1 1 1 27 2 1
31	1 1 3 4 3 1 2 1
32	1 1 2 2 3
33	2 1 3 4 3 4
34	1 2 1 27 2
35	2 2 1 1 1 1 1
36	3 3 2 1 2 1 5 4
37	2 1 3 1 2 1 1 8
38	1 1 4 1 13 1 1 10
39	1 1 4 1 14 1 1 3 4
40	2 2 5 1 7 4 1 1 3 3
41	3 2 5 1 4 2 3 1 1 2 2 2
42	5 5 1 3 2 1 1 1 1 2 4 2
43	3 5 1 3 1 1 1 1 2 1 2 2
44	3 5 1 4 2 2 1 1 1 2 4 2
45	2 5 1 8 1 1 1 3 4 3
46	1 5 1 5 2 1 1 1 3 1 5
47	2 5 1 3 2 1 1 1 3 1 3 1
48	2 5 1 2 3 1 1 5 3 1
49	3 5 1 2 2 4 1 1 5 2 1
50	4 5 1 12 1 1 1 3 1
51	1 2 5 1 2 1 1 1 1 2 1
52	3 5 1 2 1 1 1 4 1
53	2 5 1 12 1 1 6 2
54	2 5 1 5 8 1 1 4 2 2
55	1 5 1 2 7 4 1 1 2 4

행	힌트
1	6 8 7 6 6 2 8
2	1 5 3 2 3 5 11 4
3	3 1 4 2 4 4
4	1 2 2 2
5	1
6	2
7	1 2
8	3 3 4 6
9	2 19 3 3
10	7 4 5 7
11	3
12	18 16
13	21 18
14	24 19
15	26 20
16	30 22
17	1 1 1
18	1 1 1
19	29 23
20	1 1 1
21	1 2 13 2 1 1 2 7 2
22	1 2 17 2 1 1 2 9 2 1
23	1 7 6 1 1 11 2
24	1 5 5 1 1 4 3 2 2
25	1 5 5 1 1 3 2 1 3
26	1 5 5 5 1 1 3 1 1 3
27	1 7 2 4 1 1 3 2 1 3
28	1 6 1 1 2 4 1 1 3 2 2 1 1
29	1 6 2 1 2 4 1 1 2 2 3
30	1 6 2 1 3 1 1 2 2 2 1 3
31	1 7 2 2 2 1 1 2 2 2 1 3
32	1 5 2 2 2 1 1 2 2 1 2
33	1 4 7 3 1 1 1 3 1 2 3
34	2 4 2 3 2 5 5 3 3
35	2 5 5 2 3 2 2 4 3 3
36	3 8 1 6 2 2 12 2
37	3 7 1 6 2 2
38	1 28 22
39	1 1 5
40	3 20 5 18
41	3 2 2 2 2 2
42	2 1 1 1 1 1
43	2 1 1 1 1 1 1 7
44	1 1 1 1 1 1 1 10 2
45	31 8 11
46	1 2 3 3 2
47	38 4 7
48	2 2 1 2 2 2 3 3 2 5 3 2 7 2
49	2 3 3 2 2 7 2 3 5 6
50	2 5 2 2 5 2 3 5 4
51	3 3 3 3 3 4 2
52	4 3 3 3 4 9 1
53	9 9 11 3
54	7 7 8 2
55	1 5 9 3

B44 모두 나의 이야기만 듣고 있어요

난이도 ★★☆☆☆ (2.5/5)

55×55

Column clues (left to right, top to bottom)

1. 4 3 1 2 4 8
2. 6 3 1 5 4 8
3. 7 3 1 6 4 8
4. 7 3 1 2 2 4 8
5. 7 3 2 2 1 4 8
6. 5 2 3 1 1 1 13
7. 4 3 3 3 3 2 13
8. 3 3 3 7 13
9. 3 4 3 4 13
10. 4 4 3 5 6 2
11. 2 6 3 7 3 1
12. 1 4 1 3 7 3 1
13. 1 3 1 3 7 6 1
14. 2 3 1 3 5 5 1 1
15. 1 3 2 3 3 5 2 1
16. 2 5 3 7 8 1
17. 5 3 7 4 3 1
18. 6 9 6 3 1
19. 8 6 5 1 2 1
20. 1 6 2 8 5 2 1
21. 1 6 2 7 2 7 1 1
22. 2 5 8 2 2 1 1 4 1 1
23. 2 3 6 2 2 1 1 2 2 3
24. 4 6 2 2 1 1 3 2 2
25. 5 2 2 1 1 3 1 2
26. 3 5 2 1 1 1 3 2 1
27. 5 5 2 1 1 1 4 1 2
28. 6 2 5 2 3 2 1 1 4 2 1
29. 6 5 3 6 1 1 1 5 1 1
30. 13 2 5 1 1 1 3 1 1 1
31. 5 3 2 2 2 2 1 2 2 1 2 1
32. 5 1 1 2 3 2 1 2 1 1 1
33. 5 2 4 2 4 1 7 1
34. 4 3 1 9 1 4 2 1
35. 6 2 11 2 1 2 1 1
36. 2 3 4 11 2 1 3 2 2
37. 12 8 6 4 2
38. 7 3 3 2 3
39. 6 6 6 2 5
40. 12 1 4 17 6 2 4
41. 12 2 3 16 2 2 1 6
42. 13 4 15 2 2 3 6
43. 13 14 1 4 3 5
44. 11 6 4 2 3 4
45. 9 11 4 4 1 2 3 3
46. 8 18 4 1 1 1 3 2
47. 7 19 5 4 2 2 3 2
48. 7 18 5 5 3 7 2
49. 7 3 3 3 4 5 3 7 2
50. 7 3 3 3 4 5 3 9 2
51. 7 19 5 4 11 3
52. 7 17 6 4 12 3
53. 8 17 7 15 4
54. 9 14 8 15 4
55. 11 10 10 11 5

Row clues (top to bottom, left to right)

1. 9 10 16
2. 10 10 16
3. 10 11 16
4. 7 2 10 16
5. 5 5 7 1 16
6. 4 3 4 3 2 16
7. 4 4 2 1 2 16
8. 2 3 5 2 2 2 7 3
9. 1 14 1 4 1 1 6 5 2
10. 18 7 1 5 7 1
11. 5 10 3 1 1 5 8 1
12. 4 1 6 2 2 1 4 3 4
13. 1 2 4 2 1 3 2 4 4
14. 5 3 7 11
15. 4 7 2 12
16. 22 5 1 12
17. 19 3 6 5 5
18. 19 8 6 5 5
19. 2 13 4 12
20. 2 14 12
21. 5 1 8 3 4 11
22. 3 1 9 4 5 4 5
23. 1 2 2 4 5 4 5
24. 2 2 9 5 5 9
25. 4 1 3 1 10 5 5 9
26. 13 1 1 3 4 5 9 1
27. 3 9 1 3 5 4 4 3 3 2
28. 3 11 4 3 1 5 4 2 4
29. 2 10 2 2 5 4 4 1 8
30. 2 2 5 1 1 2 3 4 4 9
31. 4 3 1 3 2 3 16
32. 2 1 1 4 17
33. 2 1 1 5 17
34. 2 1 1 4 9 3
35. 2 5 1 5 5 1
36. 2 2 10 1 3 11
37. 1 1 1 2 2 3 8
38. 2 2 1 1 2 2 5
39. 2 1 11 2 2 1 4 3
40. 1 1 1 10 2 1 4
41. 13 1 10 2 4 2 5
42. 13 2 16 1 1 2 5
43. 16 1 13 1 2 5
44. 10 1 2 3 1 2 1 1 6
45. 5 1 2 6 1 1 6
46. 10 1 3 6 2 8
47. 9 1 3 4 2 10
48. 9 2 4 6 9
49. 9 1 2 2 3 7
50. 9 2 1 2 11
51. 9 2 2 3 8 1
52. 9 4 1 5 5 3
53. 10 3 2 6 5
54. 18 2 16
55. 10 16

B45 자동차를 고쳐요

난이도 ★★½☆☆

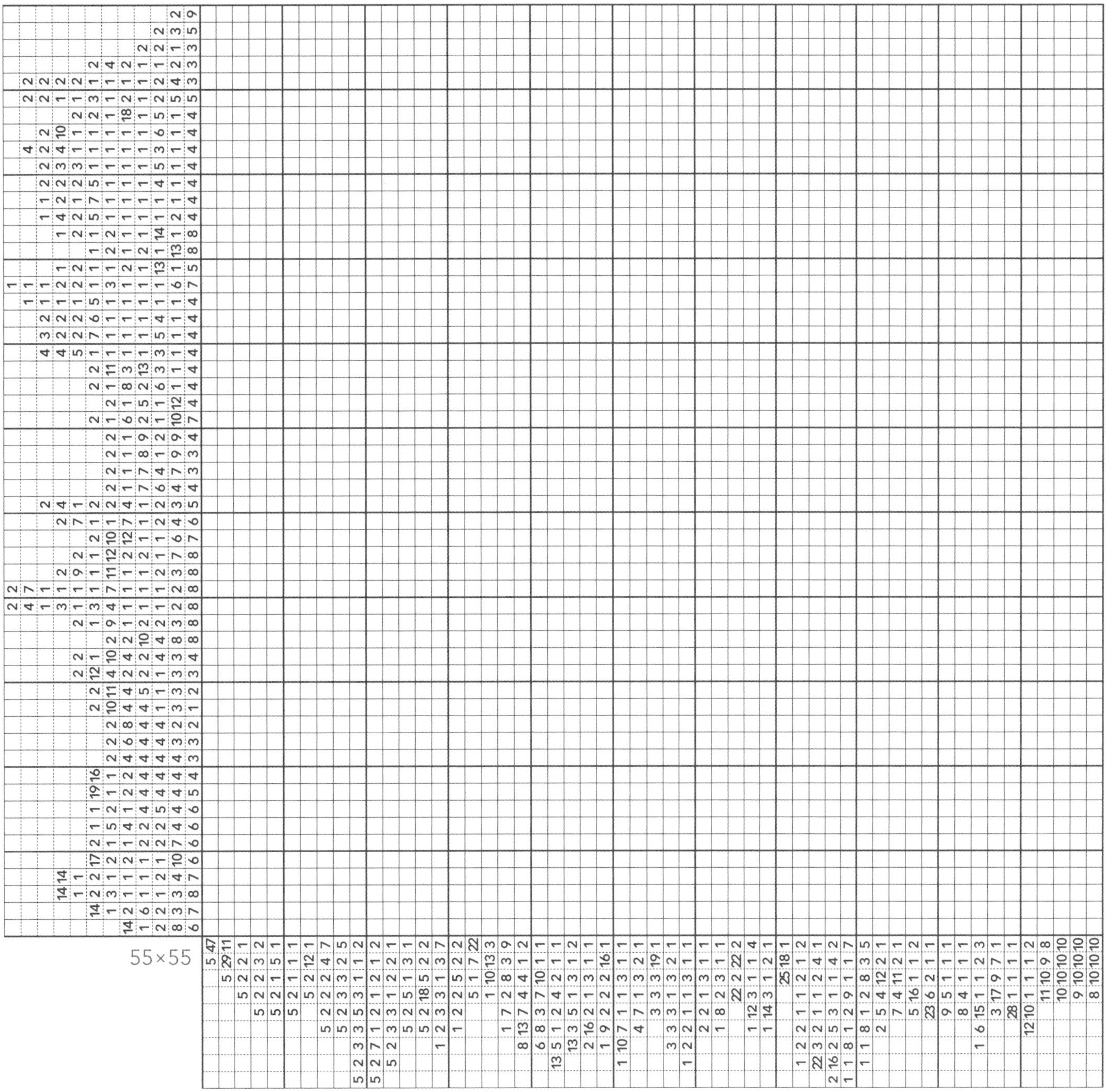

55×55

B46 뜬눈으로 밤을 지새워요

난이도 ★★½☆☆

55×55

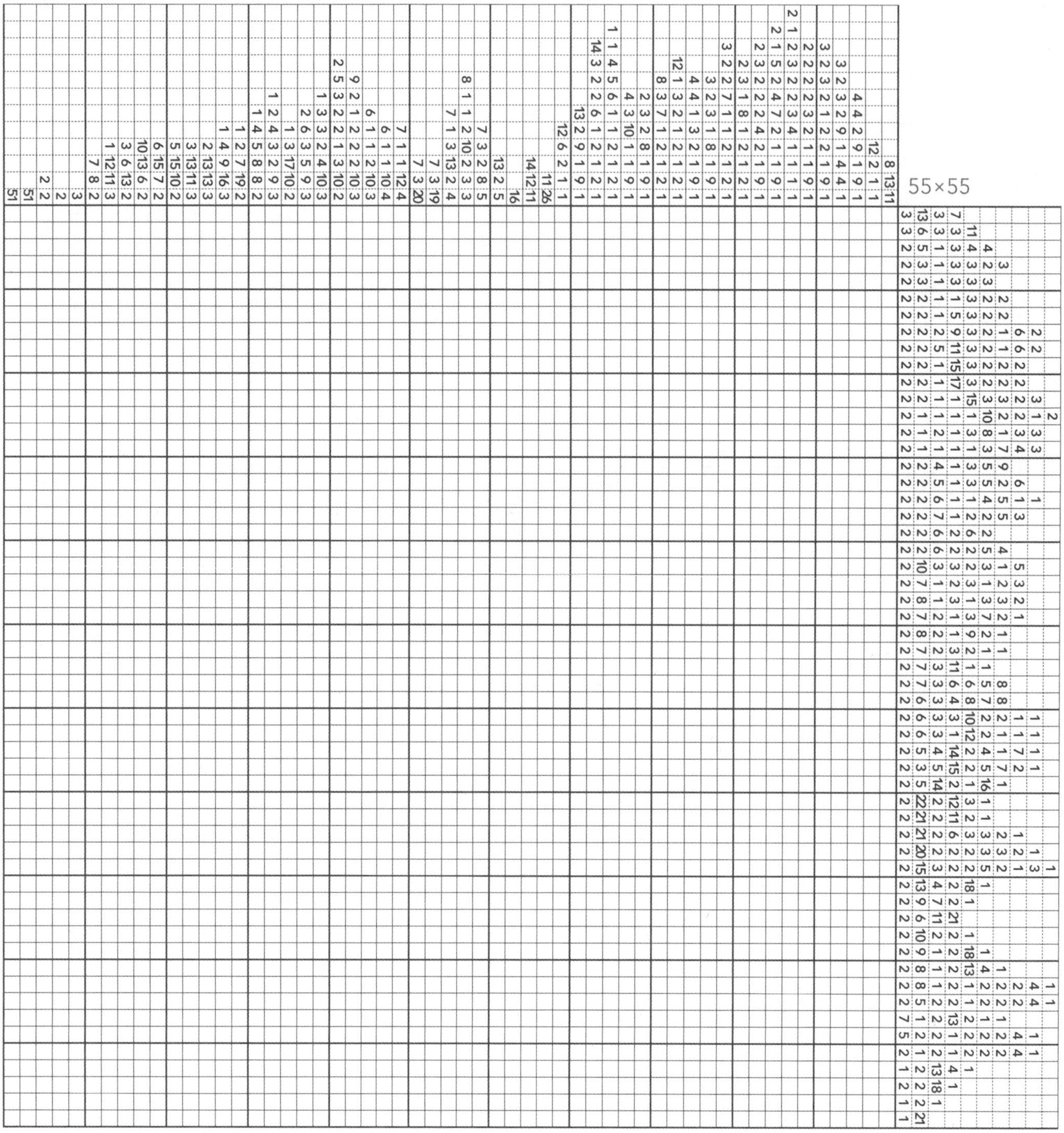

B47 양 한 마리 양 두 마리

난이도 ★★★☆☆

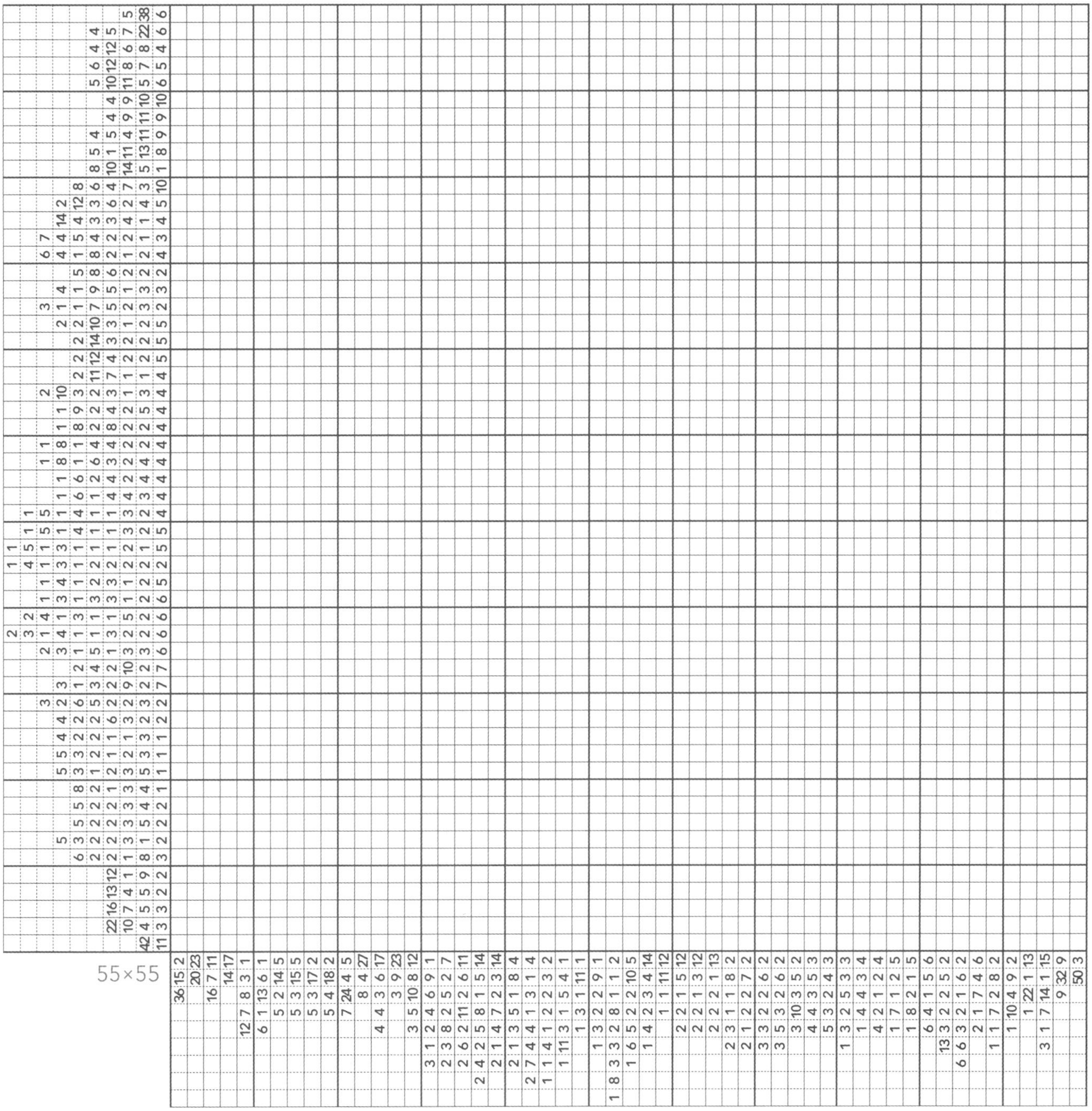

55×55

B48 사랑이 끝났어요

난이도 ★★★☆☆

55×55

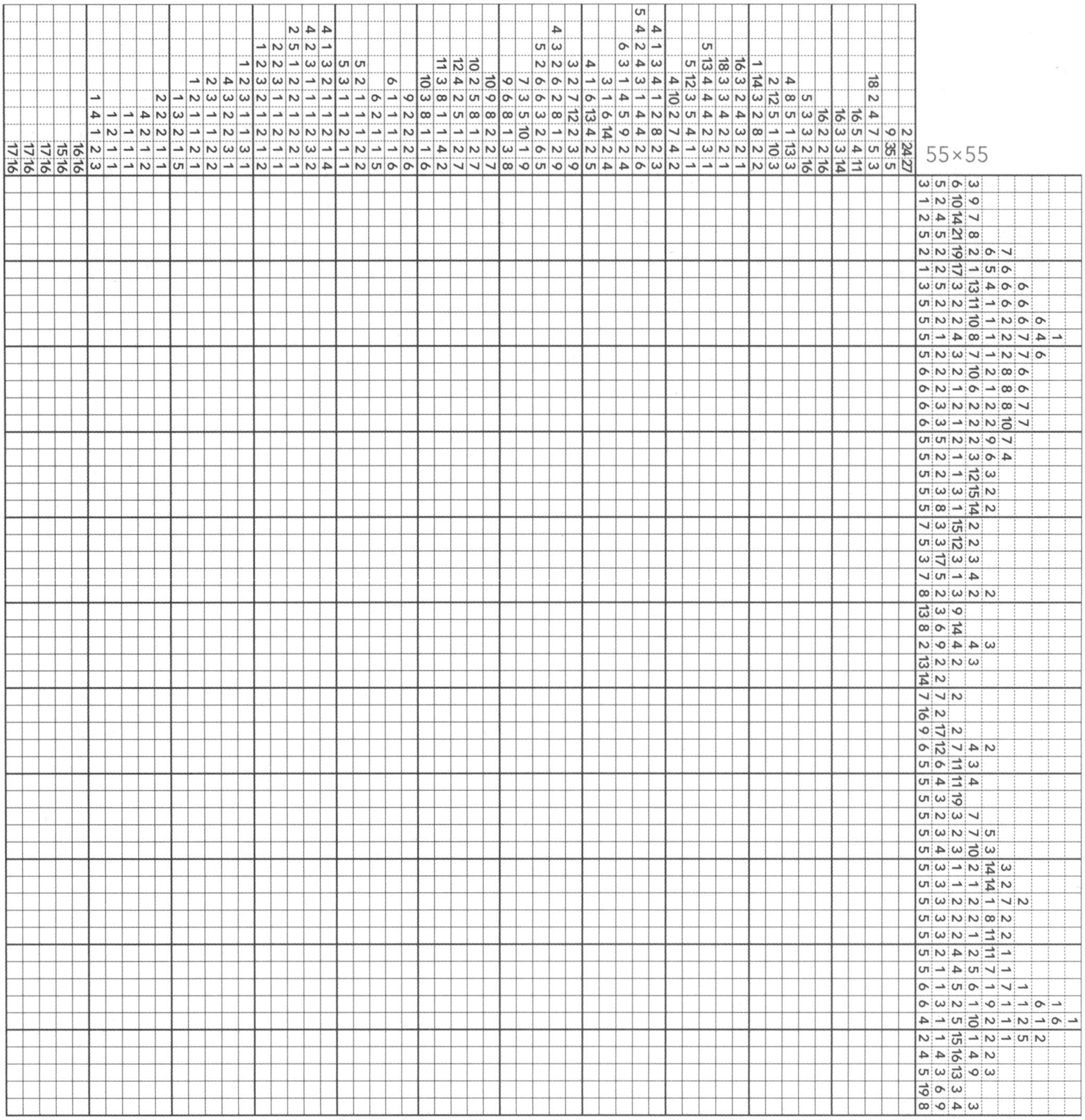

B49 4? 잘 안 보여요

난이도 ★★★☆☆

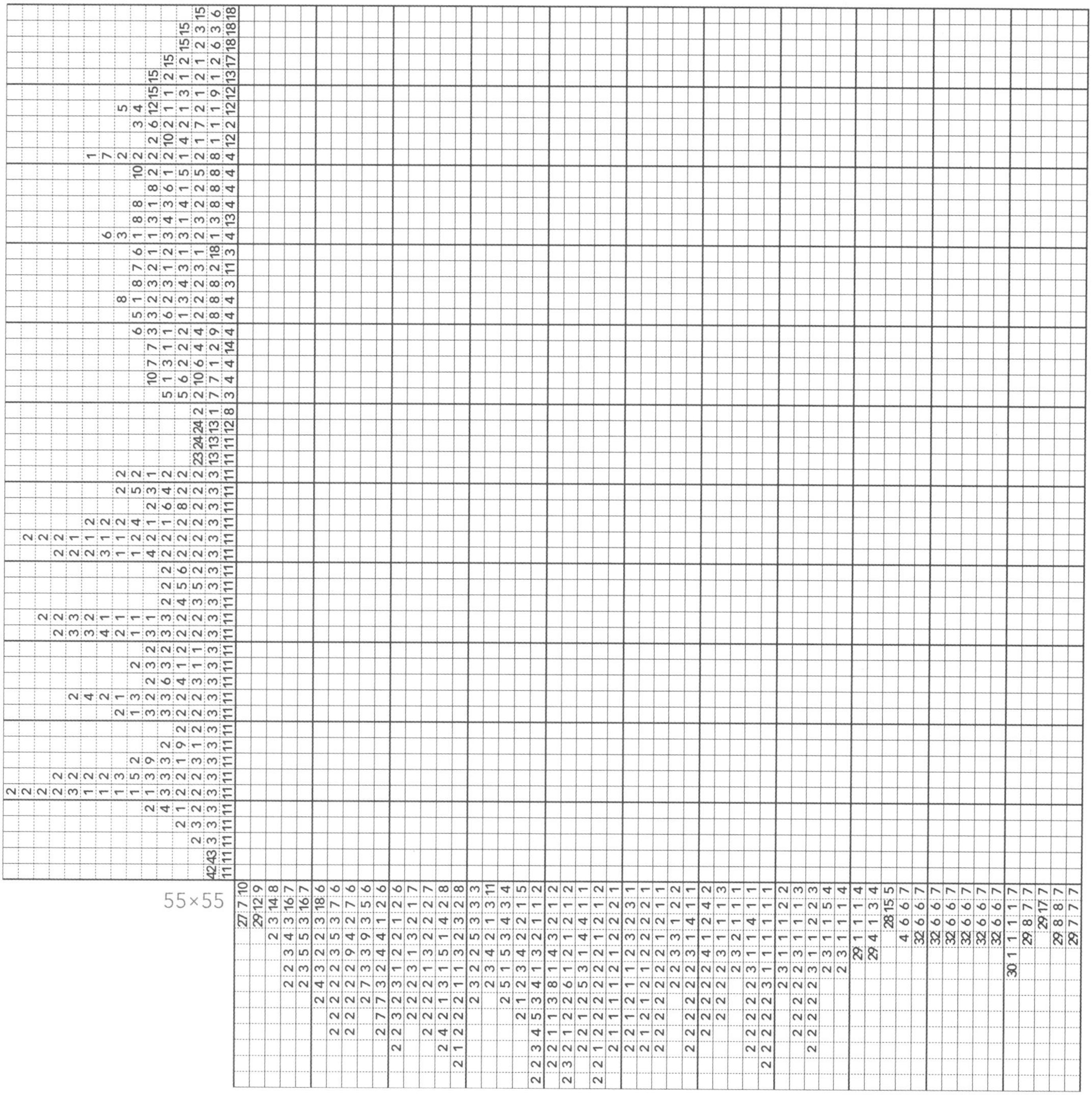

55×55

B50 신이 나서 춤을 춰요

난이도 ★★☆☆☆ (2½ stars)

50×60

Column clues (top to bottom)

Column	Clues
1	8 5 1 4
2	5 3 2 2 1 1 2
3	3 3 2 1 2 2 1 4
4	2 3 2 1 2 1 1 4
5	2 3 2 8 1 3
6	1 2 4 1 4 1 4
7	1 3 1 2 2 4 1 4
8	3 3 2 1 4 1 4
9	1 2 3 2 3 1 1 2
10	2 2 2 1 4 1 4
11	2 1 1 1 5 1 4
12	2 1 2 6 7 1 4
13	1 1 1 4 19 3
14	2 1 1 3 25 3
15	2 2 4 1 24 8 2
16	1 1 9 6 8 22 1
17	3 2 12 29 2
18	5 14 29 2
19	5 6 7 1 12 12 1
20	4 7 3 3 3 17 3 2 1
21	9 1 4 4 3 20 1
22	1 4 5 4 25 1
23	1 2 1 7 4 22 3
24	4 1 6 3 5 22 2
25	2 2 2 4 3 2 5 6 15 1
26	2 1 2 3 8 12 8 3
27	4 5 3 8 18 2 3
28	3 3 5 8 20 3
29	5 1 9 5 18 4
30	2 2 1 1 3 4 17 4
31	3 2 2 1 4 5 5 10 3
32	4 2 1 2 5 21 4
33	2 2 3 2 1 2 2 21 4
34	11 1 2 2 20 4
35	6 1 2 16 16 1 2
36	6 1 1 1 2 2 12 6 4
37	5 3 2 1 2 3 17 4
38	9 1 1 1 2 3 7 7 4
39	1 7 5 31 4
40	2 1 11 2 3 3 12 1 2 1
41	1 6 3 4 3 3 10 2 4
42	1 6 2 3 3 5 8 1 4
43	1 3 4 3 3 3 8 1 4
44	1 7 2 2 3 4 2 4
45	1 1 4 2 1 6 2 4
46	1 6 2 1 20 3 3
47	1 9 1 27 1 4
48	1 4 1 2 2 26 1 4
49	1 6 4 8 3 1 4
50	1 1 8 5 2 1 2 1

Row clues (left to right)

Row	Clues
1	6 3
2	2 4 1 11
3	3 4 3
4	2 3 16
5	4 2 3 2 7 4 4
6	2 3 3 4 23
7	2 2 3 4 2 5 9 7
8	1 2 3 10 1 6 10 2
9	2 5 9 2 2 19
10	2 2 7 1 2 1 1 1 2 1 1
11	2 3 8 2 1 13 6
12	6 7 1 2 3 4 6
13	6 4 2 1 2 5 2
14	1 4 4 1 1 2 4 2 2
15	1 1 4 3 3 3 6
16	1 2 5 1 3 5
17	2 2 6 7 3
18	1 4 4 6 3 2
19	2 2 8 2 1 4 3
20	2 1 3 2 1 2 1 3
21	2 1 3 2 2 4 1 4
22	3 1 8 4 1 1 4
23	3 1 7 1 1 1 3
24	4 2 3 3 1 1 1 4
25	4 3 1 1 1 4
26	5 5 1 10 3
27	5 21 3
28	4 7 7 1 6 3
29	6 4 20 3 3
30	6 5 9 10 3
31	9 5 9 1 6 3
32	2 4 6 10 1 5 3
33	1 3 8 13 1 3 3
34	1 3 10 11 1 2 3
35	1 1 1 13 11 1 3
36	2 1 3 11 4 5 3
37	2 1 9 7 10 3
38	3 18 13 3
39	37
40	37
41	13 18 5
42	26 12
43	39
44	6 11 14 2
45	23 8 1
46	29 1
47	28 2
48	2 10 13 2
49	29 7
50	7 17 4
51	36
52	22
53	20
54	6 6 4
55	16
56	14
57	13 1 2 17 4
58	1 6 5 2 3 9 15
59	15 2 2 14 9
60	4 7 3 6 6 19

B51 몰래 방에 들어가요

난이도 ★★⯪☆☆

50×60

Column clues (left to right, top to bottom):

1. 58
2. 3 2 2
3. 2 3 2 2
4. 4 2 1 2 2
5. 39 4 2 8
6. 4 1 1 2 2 2
7. 7 1 5 3 2
8. 8 4 4 2
9. 31 3 2 10
10. 1 4 3 3
11. 4 2 2 3 1
12. 8 1 7 4 1
13. 11 3 2 3 5 4 1
14. 7 4 1 1 2 6 1
15. 6 3 1 2 3 4
16. 6 1 2 2 1 2 2 1
17. 7 1 3 4 1 2 16 1
18. 8 1 3 2 2 2 2 1 1
19. 9 1 1 1 1 2 1 1
20. 9 2 1 1 1 1 2 2
21. 10 1 1 2 1 1 3
22. 10 2 2 1 1 1 1
23. 11 2 1 4 9 2
24. 13 3 2 1 4 2 5
25. 15 10 6 4 1
26. 14 4 3 12 1
27. 11 3 2 5 8 1
28. 11 2 1 5 3 2 1
29. 12 5 2 5 4 1 1
30. 18 2 5 5 2 1
31. 18 1 6 6 3
32. 1 17 2 2 3 6 3
33. 2 13 2 4 2 7 1 1 2
34. 3 9 3 3 2 7 1 6
35. 4 2 3 3 2 9 2 2 1
36. 17 1 4 1 1 12 2 1
37. 17 2 8 1 8 2 1
38. 18 2 1 8 1 1
39. 19 2 10 2 2
40. 20 2 9 2 3
41. 21 2 8 2 2 2
42. 22 3 5 4 4
43. 23 2 3 7 1
44. 25 3 1 12
45. 26 5 2 12
46. 28 9 13
47. 32 14
48. 55
49. 55
50. 55

Row clues (top to bottom, left to right):

1. 1 1 1 13 19
2. 1 1 1 17 18
3. 1 1 1 20 17
4. 1 1 1 22 16
5. 1 1 1 22 15
6. 1 1 1 24 15
7. 1 1 1 24 15
8. 1 1 1 4 17 15
9. 1 1 1 4 16 15
10. 1 1 1 2 14 15
11. 1 1 1 2 4 12 15
12. 1 1 1 1 3 6 15
13. 1 1 1 2 4 3 5 15
14. 1 1 1 1 3 1 2 5 15
15. 1 1 1 1 2 1 1 4 16
16. 1 1 1 2 5 16
17. 1 1 1 1 5 15
18. 1 1 1 3 7 13
19. 1 1 1 1 9 12
20. 1 1 1 4 2 2 2 11
21. 1 1 1 3 1 2 2 2 10
22. 1 1 1 1 4 1 2 9
23. 1 1 1 2 6 1 2 8
24. 1 1 1 9 2 2 7
25. 1 1 1 2 1 1 7
26. 1 1 1 1 1 2 6
27. 1 1 1 2 1 2 5
28. 1 1 1 6 4 1 1 5
29. 1 1 1 3 5 6 1 2 4
30. 1 1 3 5 5 1 1 4
31. 1 1 2 4 1 1 4
32. 1 1 1 4 1 4
33. 1 1 2 1 2 2 4 2 3
34. 1 1 2 4 6 2 1 3
35. 1 1 2 4 2 3 2 1 3
36. 1 6 1 2 9 1 3
37. 1 5 3 14 1 3
38. 1 6 2 2 13 1 3
39. 1 5 2 2 16 1 3
40. 1 2 1 1 5 3 1 3
41. 1 2 2 1 2 9 2 3
42. 1 4 1 1 1 15 4
43. 1 2 2 2 1 1 1 15 5
44. 1 7 3 1 20 7
45. 3 2 4 1 20 7
46. 7 3 1 1 17 8
47. 2 3 3 1 4 3 12 8
48. 1 2 3 4 1 1 8 9
49. 1 4 1 1 1 2 10
50. 2 4 1 1 1 4 10
51. 9 1 2 2 2 2 9
52. 1 5 1 1 1 3 2 2 8
53. 1 1 1 1 1 6 2 7
54. 1 1 1 2 2 2 1 7
55. 1 1 8 14 9
56. 1 1 2 1 1 3 2
57. 10 1 2 3 2
58. 9 6 2 1
59. 2 2
60. 6

B52 머릿결이 고와요

난이도 ★★★☆☆

50×60

5 6 4 15 3
8 2 2 7 3 3
11 3 2 3 2 2 3
8 4 3 2 1 2 3
4 5 3 2 2 1 3
8 3 2 1 2 1 3
11 4 2 1 4 1 3
9 5 2 3 1 2 1 1 3
7 6 1 2 2 1 1 10 1 2
4 7 1 1 5 2 2 3 5 2 4 1
8 1 6 11 1 7
10 11 8 3 10 2
8 5 2 10 4 4 7 1
5 6 3 2 4 16 4 4
3 14 6 11 11 4
38 9 6
8 15 1 1 1 1 1 6 5 3 3
9 9 4 1 1 1 1 1 8 4 4
5 2 3 6 2 1 1 1 1 16 4
6 2 2 6 1 1 1 1 1 3 1 1 1 5 2 1
9 5 8 1 1 1 1 1 2 1 1 1 4 2
6 1 7 5 1 1 1 1 1 5
7 5 4 1 1 1 1 1 1
12 13 1 4
6 4 3 3 3 1
6 4 3 1 3 2 2
5 5 3 1 2 1 1
4 4 1 1 1 2 2 2 1
3 4 1 2 1 3 2 2
1 5 3 1 3 1 5
6 1 3 4 2 2 6
3 1 2 5 3 2 6
4 3 2 1 6 3 11 1
6 1 3 10 7 2
7 1 3 3 5 1 2
1 6 1 1 2 2 2 2 1
1 8 1 10 1 2 3
1 28 5 5
1 1 17 5 8 2 5
1 1 9 4 1 5
1 1 4 2 4
1 2 6 2 4
2 2 7 1 4
2 2 8 2 4
3 3 3 8 1 4
4 5 3 7 4
5 16 3 4 5
7 3 3 6
12 4 4 3 4
30 7 4

1 3 4 4 9 17
1 3 4 4 9 5 8
1 3 4 4 17 6
1 3 4 3 11 13 5
1 2 3 4 11 3 6 2 4
3 4 3 11 4 5 2 3
3 4 3 10 4 5 2 3
3 3 4 7 6 4 1 2
2 3 3 4 8 4 2 2
3 3 4 8 5 4 1 2
3 3 3 7 7 7 1 2
2 3 4 6 4 3 1 2
2 3 3 4 5 3 2 1
1 3 4 10 5 8 1 1
1 2 4 8 2 3 3 3 1 1
2 4 2 4 2 3 3 3 1 1
2 4 1 5 1 3 1 1
1 3 5 5 1 2 1 1
4 2 1 6 3 3 1 1
2 2 5 6 3 1 1
2 2 4 6 6 3 1 1
2 1 3 8 4 4 1 1
2 7 3 3 2 5 1 1
1 5 3 4 2 2 1 1
2 4 4 3 3 3 2 1 1
1 3 1 4 3 7 3 1 1
1 8 3 4 4 1 1
1 5 8 5 3 2 1
1 7 1 2 6 3 1 1
1 3 4 6 1 11 2 2
3 1 4 2 1 2 6 1 1
1 11 7 1 3 6 1
1 3 1 2 3 1 3 4 2
1 13 3 5 4 1
1 3 4 9 4 2
1 3 9 7 1 5
1 1 1 4 1 1 5
1 1 2 8 1 1 3
1 1 1 3 2 1 3
1 2 10 3 1 2
1 2 16 2 2
1 1 2 5 2 2 2
1 1 2 4 4 5 2 1
1 1 2 4 8 2
2 6 3 2 4 2
1 3 3 2 3 2
2 1 6 3 2 2 1
2 3 4 2 2 3 2
7 1 3 1 6 2 2 2
1 3 3 1 9 1
1 4 4 1 5 1
5 7 4 1
6 3 1 4 2
5 4 1 3 2
4 4 2 5 2
8 2 7 2
2 4 3 14
8 2 7 14
9 2 6 13
10 2 5 13

B53 결혼식 날 볼 수 있어요

난이도 ★★★☆☆

50×60

열	단서
1	12 17
2	12 6 1 7
3	1 10 3 4 6
4	11 12 1 4
5	6 4 4 1 1 1 3
6	11 2 2 4 3 3
7	11 1 2 3 1 4
8	10 4 1 2 1 1 2
9	8 1 2 2 1 1 3 2
10	10 1 5 2 3 1 2
11	13 7 1 5 1 3
12	2 2 13 1 2 3 1
13	2 1 1 8 2 1 1 1
14	1 2 2 1 4 1 1 1 2
15	9 4 1 3 2 4 1 2 4
16	2 2 4 1 3 2 2 3 3 1 2 1 1
17	2 2 2 2 7 1 3 2 5 2 3 1 1
18	1 1 2 1 1 5 1 2 2 5 1 2 1 2
19	1 2 3 5 3 2 2 8 1 2 4
20	4 1 3 3 6 1 3 1 6 1 1 2 1
21	1 4 1 2 1 1 6 1 2 2 4 1 1 1 1
22	1 6 1 2 3 6 1 2 1 1 2 1 1
23	1 2 3 2 2 2 7 1 2 1 4 1 2 1 2
24	3 5 1 3 9 2 2 3 2 1 3 4
25	2 5 1 3 8 1 2 2 4 1 2 1 1
26	8 1 2 3 4 1 2 7 1 2 1 1
27	1 6 1 2 2 6 1 2 7 1 2 1 2
28	1 7 1 2 2 6 1 3 7 1 1 1 2
29	4 3 1 2 9 1 2 1 4 1 2 1 1
30	2 5 1 3 9 2 2 1 1 2 2 1
31	8 1 2 1 6 1 1 5 1 2 1 1
32	9 1 2 8 1 2 2 2 1 2 1 2
33	1 6 2 2 4 3 1 2 2 4 1 3 4
34	2 3 1 3 3 5 1 2 7 1 2 1 1
35	5 2 3 2 6 2 3 7 2 2 2 1
36	2 1 3 9 1 2 7 1 2 1 1
37	1 1 2 2 6 1 2 1 4 1 2 1 2
38	2 2 1 2 4 1 2 2 2 4 4
39	2 2 4 1 2 2 6 1 3 1 1
40	9 2 2 3 3 2 1 2 2 2
41	1 2 1 2 4 1 1 1 2
42	2 1 12 2 1 6
43	13 7 1 2 2 3
44	10 6 1 4 1 3
45	10 4 2 2 2 4
46	11 1 1 1 7
47	7 3 2 2 1 2 4
48	11 4 4 5
49	12 9 8
50	3 8 15

행	단서
1	3 3 3
2	1 3 4 2
3	1 12 1
4	7 4 8
5	2 3 5 7 2
6	2 3 5 6 2
7	1 13 1
8	2 12 2
9	3 4 5 3
10	1 3 4 1
11	1 5 3 1
12	1 1 11 1
13	1 3 1 1
14	3 2 2 1 3 2
15	1 7 3 6
16	1 3 12 1
17	2 4 3 2
18	3 2
19	5 6
20	4 15
21	2 4 7 3 2
22	3 3 4 5 6
23	2 1 2 6 6 5 3
24	2 4 6 6 5 2
25	3 1 24 1 2
26	2 4 1 22 1 5
27	12 13 4 10
28	14 5 5 2 7
29	11 3 2 8
30	11 4 5 8
31	11 6 6 8
32	4 7 7 1 8
33	12 2 1 7 3
34	17 1 2 2 2 9
35	8 3 2 1 4 4 6 9
36	12 5 6 5 2 9
37	2 3 3 2 2
38	7 7
39	2 3 7 8 4
40	3 5 4 16 2 6
41	2 1 7 2 5 2 4 1 5 2
42	2 8 5 2 4 1 5 1 5 2
43	2 13 1 5 1 5 6 2
44	6 4 7 1 5 7 4 3
45	4 2 6 7 5 3 1
46	4 4 4 5 4 2
47	2 1 4 5 2
48	2 1 1 5 4 2
49	4 1 19 1 2
50	1 5 1 2 3
51	1 2 3 2 2 5 1
52	4 5 2 1 1 3 2 1 1
53	1 3 3 4 3 4 7 4
54	2 1 5 3 6 2 7 3 2
55	9 4 4 4 5 2
56	3 4 4 1 3
57	4 3 4 4 3 3 4 6 1 6
58	7 2 2 3 2 2 3 1 9
59	11 2 2 2 2 2 2 11
60	50

B54 + B55 운동 전엔 스트레칭을 해야 해요

50×60

Column clues (top to bottom, columns left to right)

Column	Clues
1	3 3 1 2 1 1
2	10 2 1 1
3	4 10 2 1 1
4	3 2 1 5 4 2 1 1
5	2 1 5 2 2 7 2 1 1
6	1 1 13 9 2 1 1
7	1 5 16 9 2 1 1
8	2 2 2 17 7 2 1 1
9	1 2 1 18 3 3 3 2 1 1
10	1 2 17 7 7 2 1 1
11	1 1 10 2 7 2 1 5 2 1 2
12	1 2 7 1 2 8 2 6 2 1 3
13	5 9 3 1 9 1 4 2 1 4
14	5 5 2 3 2 10 2 2 1 2 1 4
15	5 5 2 12 2 3 2 7
16	5 4 2 1 9 2 1 2 3 4
17	10 1 1 1 1 8 4 1 4 4
18	2 5 3 3 1 5 2 1 4 1 4
19	1 6 3 3 2 3 4 2 4
20	1 3 5 3 1 5 1 3
21	2 6 4 3 2 4 1 3
22	1 6 3 2 12 1 5
23	2 3 2 2 10 4 1
24	1 7 3 10 4 1
25	4 5 4 12 2 1 1
26	2 4 5 12 3 1 1
27	3 2 6 16 1 1
28	1 2 6 13 2 1 1
29	3 2 8 13 2 1 1
30	3 10 12 2 1 1
31	1 10 13 2 1 1
32	2 1 9 2 13 2 1 1
33	5 7 1 12 4 1 1
34	9 1 4 2 12 2 1 1
35	10 3 1 11 4 1
36	8 3 2 12 2 1
37	17 5 9 3 1
38	23 2 3 6 1 5
39	31 4 4 2 3
40	4 18 4 4 1 3
41	6 7 5 4 2 3
42	6 5 2 2 3 1 4 4
43	13 2 1 5 4
44	7 3 1 1 2 7
45	13 4 6 1 2 1 5
46	6 36 1 2 1 4
47	3 32 1 2 1 4
48	35 1 2 1 4
49	11 1 22 1 2 1 2
50	10 2 3 1 2 1 1

Row clues (left to right, rows top to bottom)

Row	Clues
1	14 1 1 3 2 2 2
2	4 6 3 1 1 1 3 2 2 2
3	2 1 5 3 4 2 2 2 2 1
4	1 2 6 2 2 3 2 2 1 1
5	2 2 6 2 6 2 2 2 1
6	1 1 2 3 2 2 2 5 1
7	1 4 9 2 3 2 3 2
8	2 2 12 2 3 2 3 2
9	4 13 2 3 2 3 2
10	15 4 5 4 2
11	7 5 6 5 5 3
12	6 4 8 5 5 3
13	6 1 3 1 16 3 2 2
14	9 2 10 7 5
15	5 2 2 10 6 5
16	5 2 7 5 5
17	9 2 3 6 5 5
18	6 2 1 1 1 4 6 3
19	6 2 2 1 1 1 4 2 3 1
20	7 3 2 2 2 4 2 5
21	8 2 1 2 1 4 1 3
22	6 3 2 2 6 5
23	5 8 3 5 4
24	5 1 6 5 5
25	5 2 3 5 5
26	4 4 5 4
27	4 5 4 4
28	5 7 3 4
29	3 8 4 4
30	10 6 4
31	11 6 4
32	10 1 4 4
33	10 2 3 1 4
34	9 1 3 3 4
35	1 2 2 4 4 2 4
36	2 2 1 12 2 4
37	2 1 16 2 4
38	4 3 19 2 4
39	7 2 18 2 4
40	4 2 2 17 2 5
41	11 1 1 18 2 5
42	9 1 1 20 2 5
43	3 8 1 23 6
44	8 5 1 22 6
45	15 21 1 7
46	12 1 1 8 4 2
47	19 5 1 10
48	1 1 2 1
49	1 2 1 2
50	18 10 9
51	17 12 9
52	1 1 1 3
53	4 2 2 3 1
54	16 21 8
55	2 1 1 1
56	1 2 2 2
57	7 1 1 7
58	50
59	12 12
60	11 11

+

난이도 ★★★☆☆

50×60

Column	Clue (top to bottom)
1	5 4 1 2 1 1
2	6 9 1 1 2 1 1
3	7 12 4 1 1 2 1 1
4	32 1 1 2 1 1
5	30 1 1 2 1 1
6	3 6 19 1 1 1 2 1 1
7	7 16 7 1 1 2 1 1
8	14 4 1 1 1 2 1 1
9	7 5 2 1 2 1 1
10	4 1 4 1 2 1 1
11	6 4 2 1 2 1 1
12	5 3 5 7 1 2 1 1
13	2 4 1 2 7 1 2 1 2
14	3 2 1 1 3 2 1 2 1 4
15	2 4 1 5 4 6 1 2 1 1 1
16	6 9 17 1 1 2 1 2 1
17	8 3 12 2 1 1 2 1 1 1
18	8 2 11 1 1 2 4 1
19	5 16 1 7 1
20	11 1 1 2 1 2 1 8 1
21	11 5 1 5 11 1
22	4 2 3 3 2 1 3 14 2
23	3 1 4 1 6 4 13 1 1
24	4 2 1 2 1 1 2 14 5
25	4 7 1 2 17 4 1
26	2 1 1 2 1 4 12 5 1
27	2 1 6 10 6 1
28	6 1 1 1 8 6 1 1
29	10 1 1 1 6 6 1 1
30	8 3 2 1 1 4 5 2 1 1
31	8 5 1 1 9 2 1 1
32	6 1 2 1 1 7 1 2 1 1
33	5 3 2 2 8 5 1 2 1 1
34	3 3 1 1 1 9 9 2 1 1
35	4 1 2 1 1 1 1 18 1
36	4 1 2 1 1 1 1 3 14
37	4 2 2 1 2 1 1 8 2 1
38	5 2 3 2 1 19 1
39	5 3 1 5 1 19 1
40	5 3 3 1 1 19 1
41	6 3 1 19 1
42	7 3 2 18 1
43	10 1 7 1 2 1 1 1
44	5 2 7 1 2 1 2 1
45	2 3 4 7 1 2 1 1 1
46	5 6 6 2 4 1 3
47	5 5 2 1 1 1 1
48	8 6 7 1 3 1
49	36 1 1 1
50	7 28 1 4

Row	Clue (left to right)
1	2 2 2 2 2 10 2 1
2	2 2 2 2 3 13 2 1
3	2 2 2 2 2 14 2 2
4	2 2 2 2 3 5 9 2 2
5	1 2 2 2 5 6 7 5
6	1 2 2 3 4 5 4 4
7	2 6 2 3 4 3 6 4
8	2 6 6 4 2 2 3 2
9	3 3 2 5 3 2 1 2 2 2
10	2 3 2 5 2 2 1 2
11	3 3 3 5 1 1 3
12	3 3 3 2 3 2 6 2 2 3
13	3 3 4 2 1 4 2 2 2
14	3 2 3 1 1 2 2 3 2
15	6 2 1 1 3 2 2 2
16	5 3 3 5 10 5
17	5 3 1 2 3 2 3 3 5
18	4 1 1 3 2 3 3 2 4
19	4 1 1 6 6 2 1 3
20	4 1 1 1 4 2 1 3
21	2 1 2 1 1 8 1 3
22	4 3 2 2 1 2
23	4 1 1 2 1 2
24	4 1 2 2 1 2
25	4 1 4 2 1 2
26	4 1 1 5 2 1 2
27	4 1 1 1 4 2 2
28	4 2 2 3 2 3 1 2
29	4 10 1 5 1 2
30	4 4 1 1 2
31	4 2 1 2 1 2
32	4 4 4 1 1 3
33	5 1 4 4 2 1 2 3
34	5 6 7 1 2 1 3
35	5 18 1 3
36	9 8 5 1 3
37	22 4 1 4
38	1 4 3 4 10 1 4
39	6 5 21 1
40	6 2 2 20 5
41	5 2 5 20
42	1 5 1 7 7 5 7
43	1 1 2 2 7 2 2 7
44	8 5 7 3 2 7
45	6 2 2 7
46	7 7 6
47	26 3 2 8
48	6 3 2 5 1
49	6 3 2 5 1
50	25 10 9
51	24 11 10
52	6 3 2 5 1
53	6 3 2 5 1
54	23 12 12
55	5 3 2 5 1
56	7 2 2 7 1
57	3 3 6 2 1
58	14 14 5
59	2 3 1 1
60	9 11

B56 낙하산을 타고 뛰어내려요

난이도 ★★★☆☆ (3.5)

50×60

Column clues (left to right, top to bottom)

Column	Clues
1	9 14 1 9 6
2	8 5 11 2 15
3	7 9 10 1 15
4	6 11 9 1 4 9
5	5 13 8 2 13
6	5 13 8 2 14
7	4 9 2 8 2 12 2
8	3 10 2 8 2 15
9	2 2 6 2 9 1 16
10	1 2 6 2 6 1 8 7
11	1 1 2 3 2 4 2 15
12	2 1 3 2 4 2 15
13	1 2 2 2 3 2 15
14	1 4 3 2 3 3 3 10
15	1 2 3 2 2 3 13
16	1 1 4 2 2 2 3 13
17	2 1 3 3 3 4 3 6 5
18	1 1 4 2 4 1 1 2 9 2
19	4 1 3 2 4 2 1 2 7 2
20	7 2 11 4 1 2 1 2
21	13 4 3 2 2 1 1 2
22	9 6 3 6 1 1 1 2
23	9 5 4 15 8
24	9 9 4 19
25	9 3 5 1 1 10
26	9 3 4 2 1 1 9
27	8 3 4 1 1 1 10
28	9 4 5 1 12
29	9 9 4 9 8
30	10 4 4 14 8
31	9 7 4 4 1 1 1 2
32	13 4 3 2 2 2 1 2
33	10 9 4 1 2 1 2
34	1 4 1 4 6 2 1 2 8 2
35	1 1 1 2 6 1 1 2 10 2
36	1 2 1 3 3 2 7 14
37	1 1 2 3 2 2 3 15
38	1 1 1 3 3 2 4 13 4
39	1 1 2 3 2 2 5 3 16
40	1 2 3 3 2 7 2 16
41	2 1 1 2 3 9 1 4 11
42	2 2 4 3 2 9 1 15
43	3 2 5 2 2 9 4 14
44	3 11 2 9 2 7 6
45	4 8 2 10 1 14
46	6 10 2 12 1 15
47	6 12 14 1 16
48	7 10 13 2 8 8
49	8 8 13 3 18
50	9 5 14 1 5 2 5 3

Row clues (top to bottom, left to right)

Row	Clues
1	11 8 17
2	9 6 14 10
3	8 3 18 5 8
4	7 2 18 3 6
5	6 2 16 2 5
6	4 1 16 2 5
7	3 4 14 1 3
8	2 5 14 4 2
9	1 7 6 6 6 1
10	7 8 8 8
11	9 3 2 2 3 8
12	13 1 1 12
13	10 1 1 1 1 9
14	9 2 2 2 2 7
15	6 1 1 1 1 1 7
16	1 4 2 2 1 1 2 2 5
17	1 4 1 1 1 1 1 2 4
18	2 3 2 1 1 1 2 1 2 1
19	3 3 1 2 2 1 1 2 2 2
20	4 2 2 1 1 2 2 2 2 3
21	5 2 2 2 1 1 1 1 2 4
22	7 2 1 1 1 1 1 2 2 5
23	8 2 2 1 2 2 1 2 2 6
24	9 2 2 2 1 1 2 1 2 7
25	9 2 2 1 1 1 1 2 1 8
26	10 2 1 2 1 1 1 2 2 8
27	12 2 2 1 1 2 2 1 2 9
28	13 2 3 9 1 2 2 10
29	1 9 2 17 2 11
30	8 2 18 12
31	2 2 8 8 13
32	1 2 4 4 12
33	1 3 3 7 2
34	2 2 6 1
35	1 6 2 3
36	2 8 1 1
37	3 1 10 3
38	1 13 2 1 5
39	4 1 1 2 1 1 2 1 1 2 2
40	2 2 4 5 2 1 2 4 4 2
41	3 2 1 4 2 1 2 1 2 1 1
42	1 2 2 4 4 1 1 1
43	2 1 9 2 2 2
44	1 2 2 2 2 1 3
45	1 2 1 2 2 2 3 4 4
46	3 7 3 2 4 6 5
47	4 9 4 2 15
48	16 2 2 15
49	18 13 7 9
50	13 6 2 2 19
51	3 15 2 2 17
52	19 5 14 2
53	9 9 8 17
54	18 8 10 6
55	16 2 8 17
56	37 12
57	18 8 15
58	6 10 8 15
59	50
60	50

B57 조난객을 구조하기 위해 왔어요

난이도 ★★½☆☆

60×50

Left-side clues (rows 1–60):

Row	Clue
1	2 2 3 2 1 1 1
2	3 3 5 11
3	3 3 6 2 1 1 1
4	4 3 1 1 3 11
5	4 3 2 1 3 2 2 1 1 1
6	5 3 2 2 3 3 10
7	4 2 4 10 3 3
8	4 2 4 9 5 1
9	4 2 5 7 1 5
10	4 2 5 7 7
11	4 3 2 7
12	4 3 1 3 7 10
13	3 2 6 8 2 4 1
14	3 2 1 4 8 10
15	3 2 1 4 10 1 4 2
16	3 2 1 10 3 4
17	2 2 1 4 10 9
18	2 10 7 1
19	12 7 1
20	4 1 4 7 7
21	3 1 8
22	2 1 1 6 6 4
23	2 1 2 6 4
24	2 1 2 7 5 4
25	2 1 2 7 5 2 4
26	2 1 2 7 5 5 4
27	2 1 1 2 7 5 4 3
28	3 3 2 16 3 3 2 3
29	6 2 1 6 5 6 7
30	6 2 1 1 5 9
31	7 4 7 7 4
32	7 5 7 8 5
33	6 2 2 7 6 1
34	5 1 1 2 6 2 1
35	4 1 1 1 5 3 1
36	3 3 2 9 4
37	2 3 1 5 3 3
38	1 3 1 5 6
39	3 2 5 1 2 1
40	3 2 5 4 2
41	3 1 4 2 1 2
42	3 1 3 2 4
43	3 2 3 7
44	3 1 3 1
45	3 1 3 1
46	3 1 3 7
47	3 1 2 2 4
48	3 1 2 2 4
49	3 2 2 1 3 1
50	2 2 1 2 1 3 2
51	1 2 2 2 1 3 2
52	2 4 2 2 7
53	4 4 2 2
54	7 5 11
55	3 4 10 1
56	2 5 1 2 2 4
57	3 3 2 4 7
58	9 2 10 1
59	4 5 6 2 2 4 4
60	4 4 2 4 4 2

Bottom clues (columns 1–50):

Column	Clue
1	6 7
2	7 7
3	8 6
4	8 6
5	7 6
6	7 6
7	7 6
8	7 5
9	6 5 2
10	11
11	11 1 20
12	33 15 1 2
13	12 2 4 16 3 2
14	5 16 3 3 3
15	5 2 12 3 3
16	5 3 4 1 3 6
17	5 4 4 1 5 4 6
18	6 4 4 1 6 2 5 3
19	4 4 4 4 1 6 4 5 2
20	3 2 1 6 3 2 4
21	14 2 6 4 2 4
22	3 16 6 3 5
23	4 28 1 2
24	21 1 10 5
25	43 9
26	44 7
27	49
28	4 29 5
29	4 3 10 1
30	2 3 1 3
31	3 1 3
32	2 3
33	1
34	1 2
35	2 4
36	7
37	6
38	4
39	6 6
40	5 7 2 4
41	6 5 7 5 1
42	1 1 1 3 2 2 2 7
43	1 1 1 1 6 3 2 5 2 2
44	10 1 2 1 1 2 3 5 3 1 7
45	1 1 3 1 4 1 1 2 1 4 1 4 7
46	1 1 5 6 1 4 3 10 2 2 1
47	6 3 3 2 1 5 2 1 6 7 7
48	1 1 5 3 2 1 7 2 3 2 3 1 6
49	1 1 2 2 1 4 1 7 2 8 7 1 2 2
50	10 4 1 1 7 2 3 4 1 3 7

B58 반려동물과 함께 심신 단련을 해요

난이도 ★★☆☆☆ (2.5)

60×50

Column	Clues
1	51
2	20 12 12
3	19 12 10
4	19 12 9
5	17 12 8
6	3 1 1 1 1
7	20 6 1 1 1 2 2
8	2 4 1 1 1 1 1
9	3 2 9 7 2 1
10	3 2 1 6 3 1
11	29 3 2
12	2 2
13	3 5
14	8 3
15	25 3 12
16	6 3 1
17	2 2 2 4 3
18	2 12 2
19	24 2 13 10
20	25 2 14 10
21	14 5 12 2 5 4
22	15 5 2 4 2 1 5 4
23	16 5 3 3 3 2 4 3
24	14 13 4 5 2
25	1 1 9 2 2
26	1 1 6 2 2
27	1 1 6 3
28	1 1 6
29	21 37
30	1 2 6
31	1 1 7
32	1 5 7
33	1 19
34	1 6 19
35	5 6 27
36	4 8 1 1 3 20
37	3 2 2 1 3 20
38	1 3 3 21 4
39	19 2 6 12 5
40	3 2 3 5
41	1 4
42	2 2
43	2 4
44	1 1 4 30
45	3 2 4 31
46	2 7 3
47	13 1 10 3 16 8
48	1 8 2 13 3 1 1 1
49	14 12 3 1 1 1
50	6 8 7 2 3 1 1 1

Row	Clues
1	1 1 1 1 2 4
2	1 1 1 2 1 1 1 1 2
3	1 1 1 3 1 1 1 4
4	1 1 1 4 1 2 1 4
5	1 1 1 5 1 1 1 4
6	1 1 1 5 1 1 1 4
7	1 1 1 6 1 2 1 3
8	1 1 1 6 1 1 1 4
9	1 1 1 1 6 1 1 1 4
10	2 1 1 1 6 1 1 1 4
11	2 1 1 1 6 1 1 1 1 2
12	3 1 1 1 6 1 1 1 4
13	4 1 1 1 6 1 1 1 4
14	4 1 1 1 6 1 1 1 3 2
15	5 1 1 1 6 1 1 1 2 4 1
16	5 1 1 1 6 1 1 1 2 2 2
17	5 1 1 1 2 3 1 1 2 3
18	5 1 1 1 2 3 1 1 2 4
19	5 1 1 1 2 2 1 1 3 7
20	5 2 1 1 2 5 1 1 2 6
21	6 2 1 1 2 12 1 5
22	6 1 1 1 5 2 9
23	7 1 1 11 11
24	5 1 2 2 6 5 1 7
25	5 1 2 2 6 7 1 7
26	5 1 2 1 1 5 1 6 1 4
27	5 1 1 1 1 3 1 4 1 3
28	5 2 2 1 2 2 1 1 9
29	5 1 5 1 2 3 1 9
30	1 3 3 2 3 1 7 6
31	1 6 2 2 1 1 1 7
32	1 2 1 1 1 1 7
33	2 3 4 1 1 2 2
34	6 3 5 1 6 2
35	5 4 9 1 8 2 3
36	5 1 5 14 2 1
37	5 1 4 17 2 1
38	5 1 22 2 1
39	5 1 23 2 1
40	5 1 5 17 2 1
41	5 1 5 16 2 1
42	5 2 5 1 1 8 2 1
43	5 4 5 1 1 8 2 1
44	6 2 6 1 1 6 2 1
45	1 3 2 3 3 1 6 2 1
46	1 2 4 1 1 6 2 1
47	2 2 3 1 1 6 2 1
48	7 1 1 1 1 5 2 1
49	5 3 3 3 1 5 2 1
50	5 1 2 2 2 1 1 5 2 1
51	5 1 2 6 1 1 5 2 4
52	5 1 3 5 2 1 6 2
53	5 2 1 1 4 1 1 5 2 4
54	5 1 1 1 4 2 1 1 1 2 1
55	5 2 1 1 3 2 1 1 1 2 1
56	4 3 2 1 2 2 1 1 1 2 1
57	3 1 2 1 6 1 1 1 2 1
58	2 4 1 5 1 1 1 2 1
59	1 1 5 1 1 1 2 1
60	1 4 1 1 1 2 1

B59 커다란 삽으로 땅을 파요

난이도 ★★☆☆☆

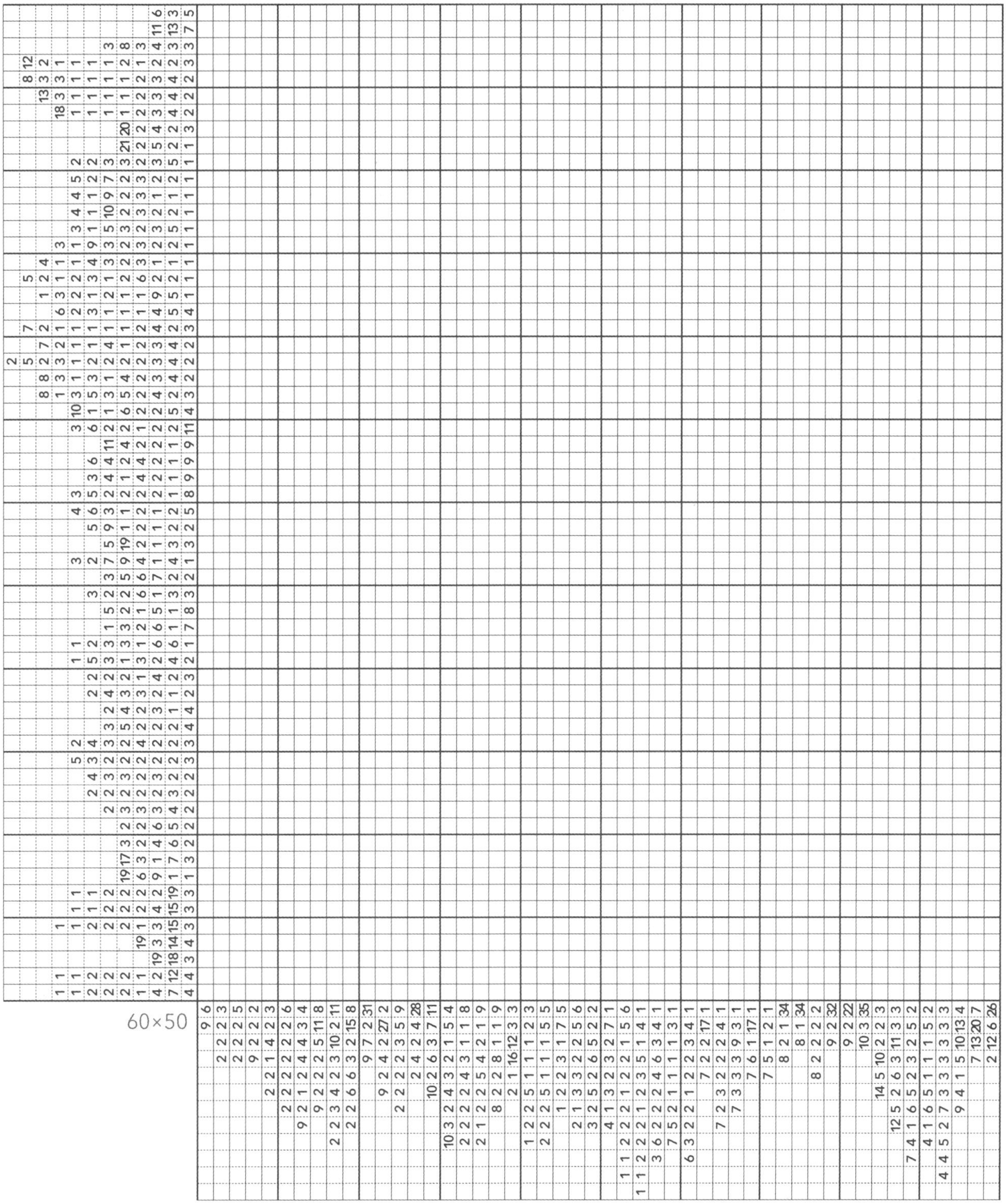

60×50

B60 오래 매달린 사람이 이기는 거야!

난이도 ★★★☆☆

60×50

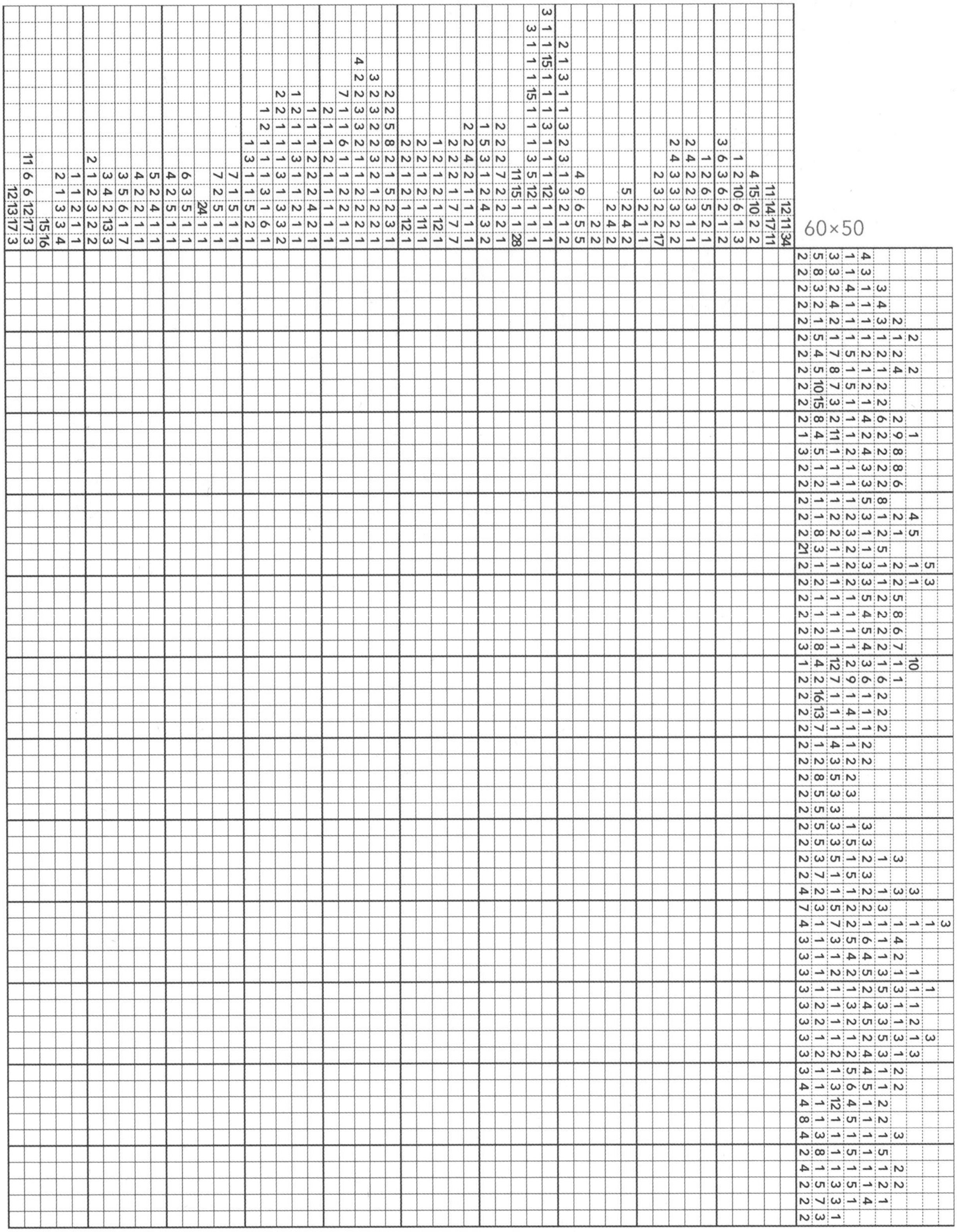

B61 방학 때마다 친구들과 했어요

난이도 ★★★☆☆

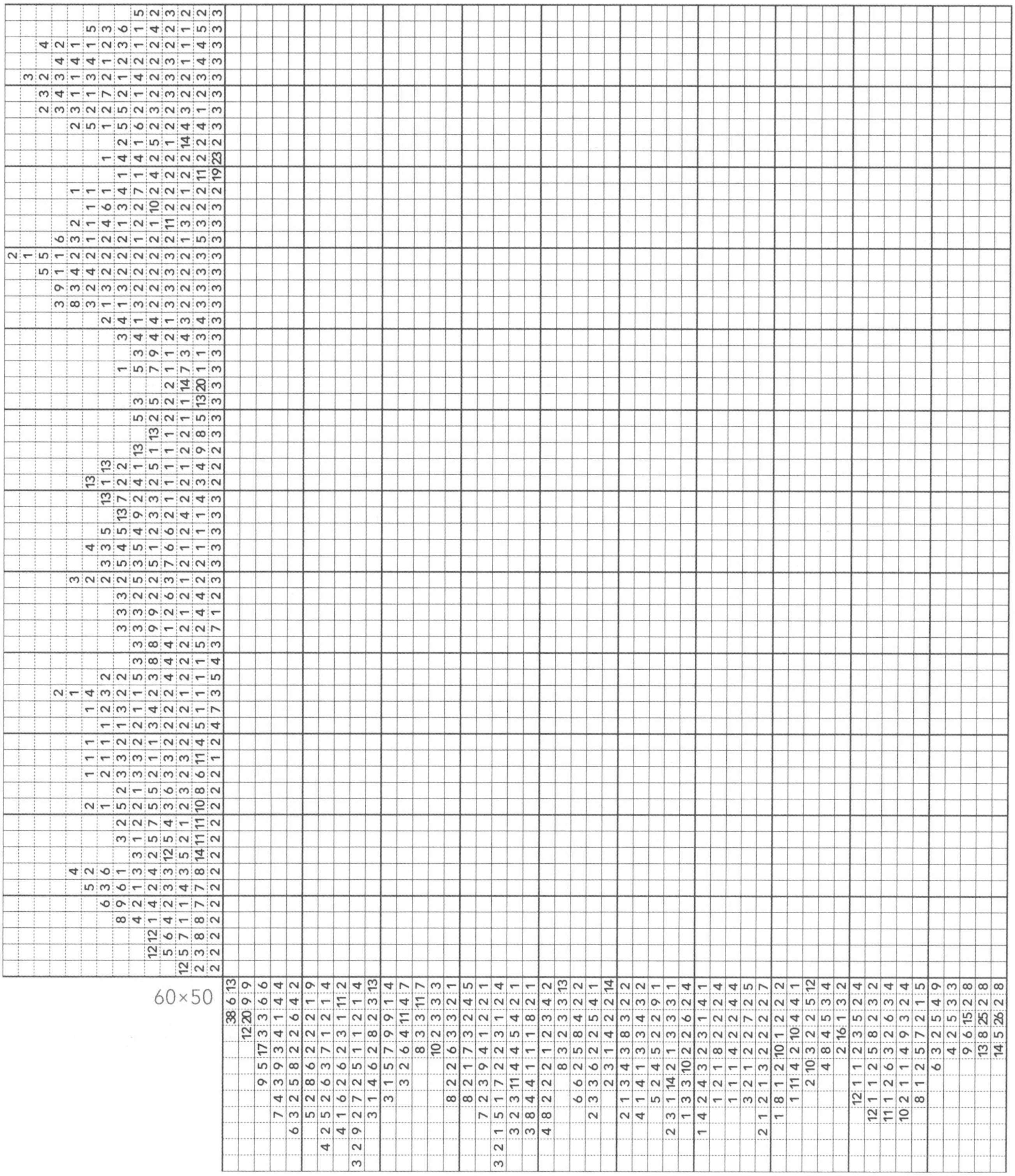

60×50

B62 심호흡을 크게 해요

난이도 ★★½☆☆

60×60

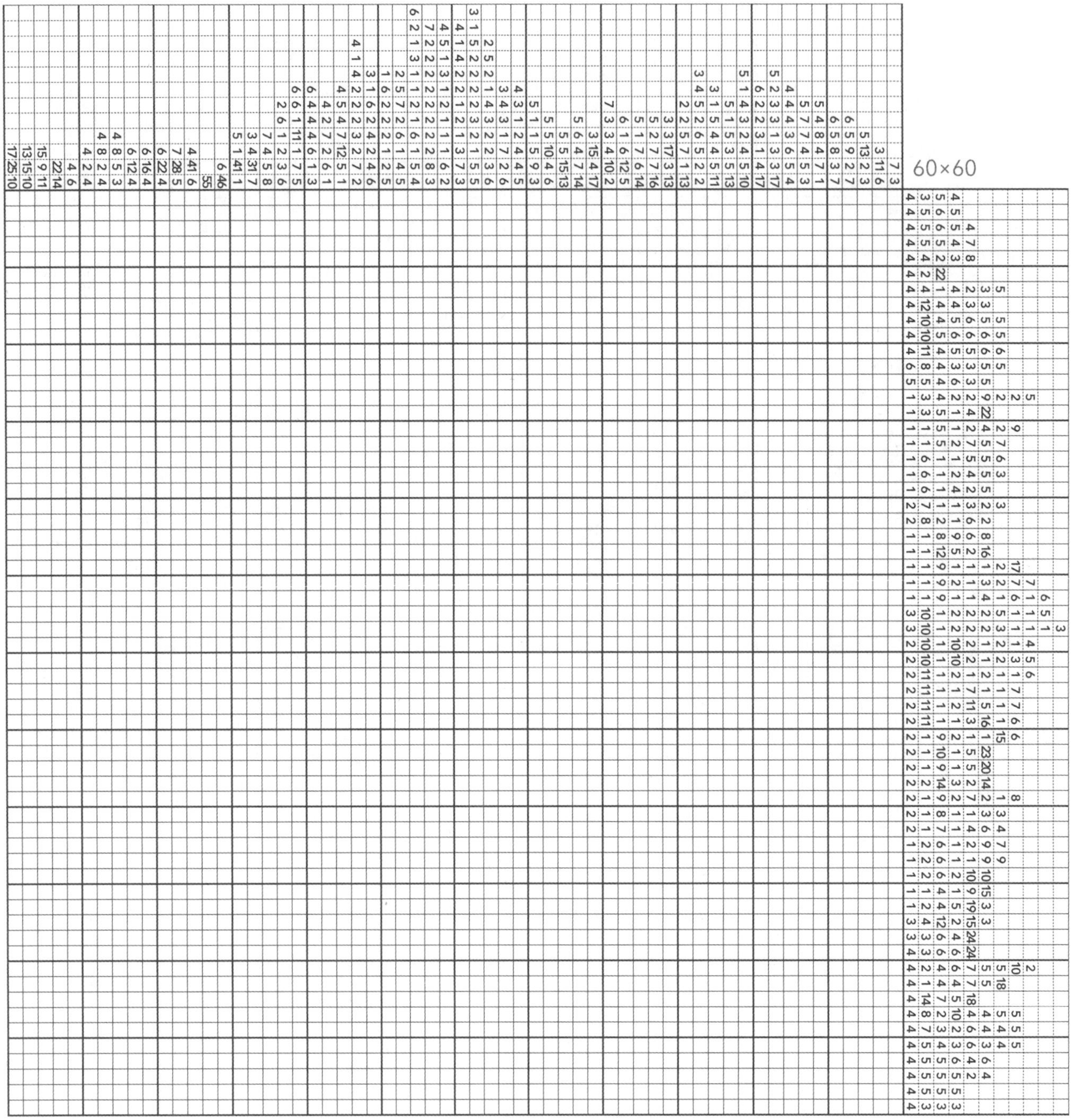

B63 와 비둘기다!

난이도 ★★☆☆☆

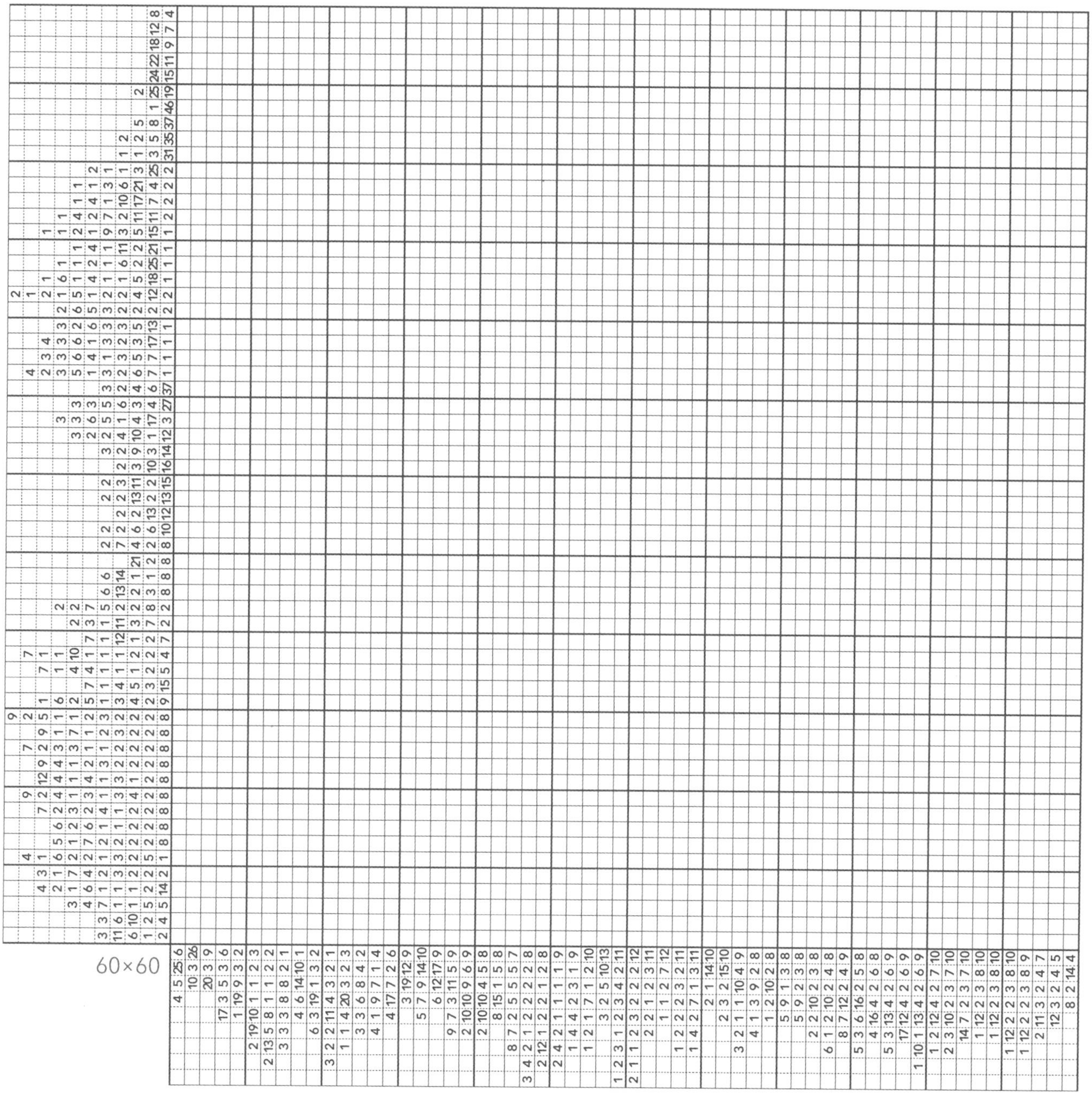

60×60

B64 조개 껍질 묶어~

난이도 ★★★☆☆

60×60

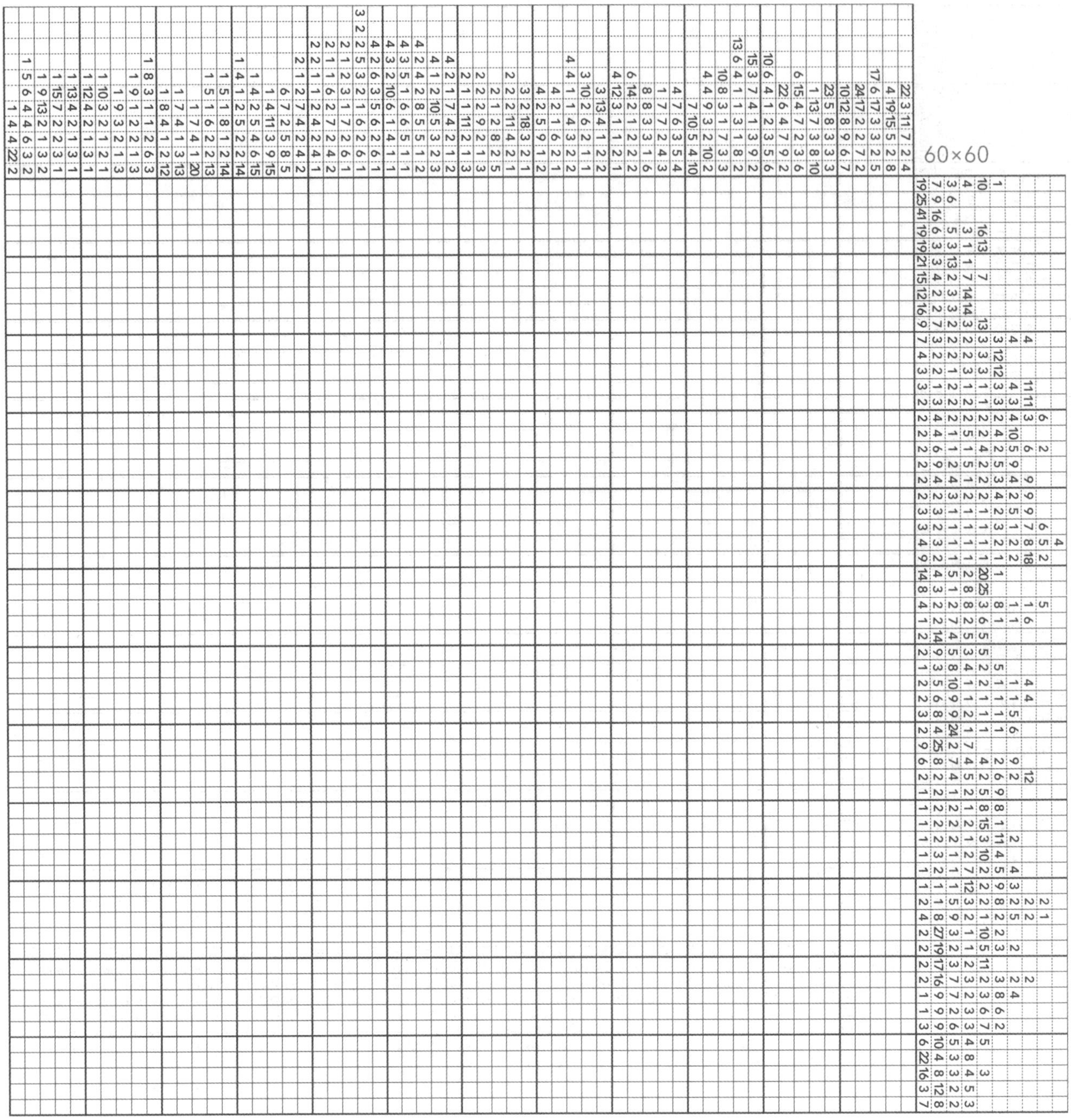

B65 험난한 산을 오를 수 있어요

난이도 ★★★☆☆

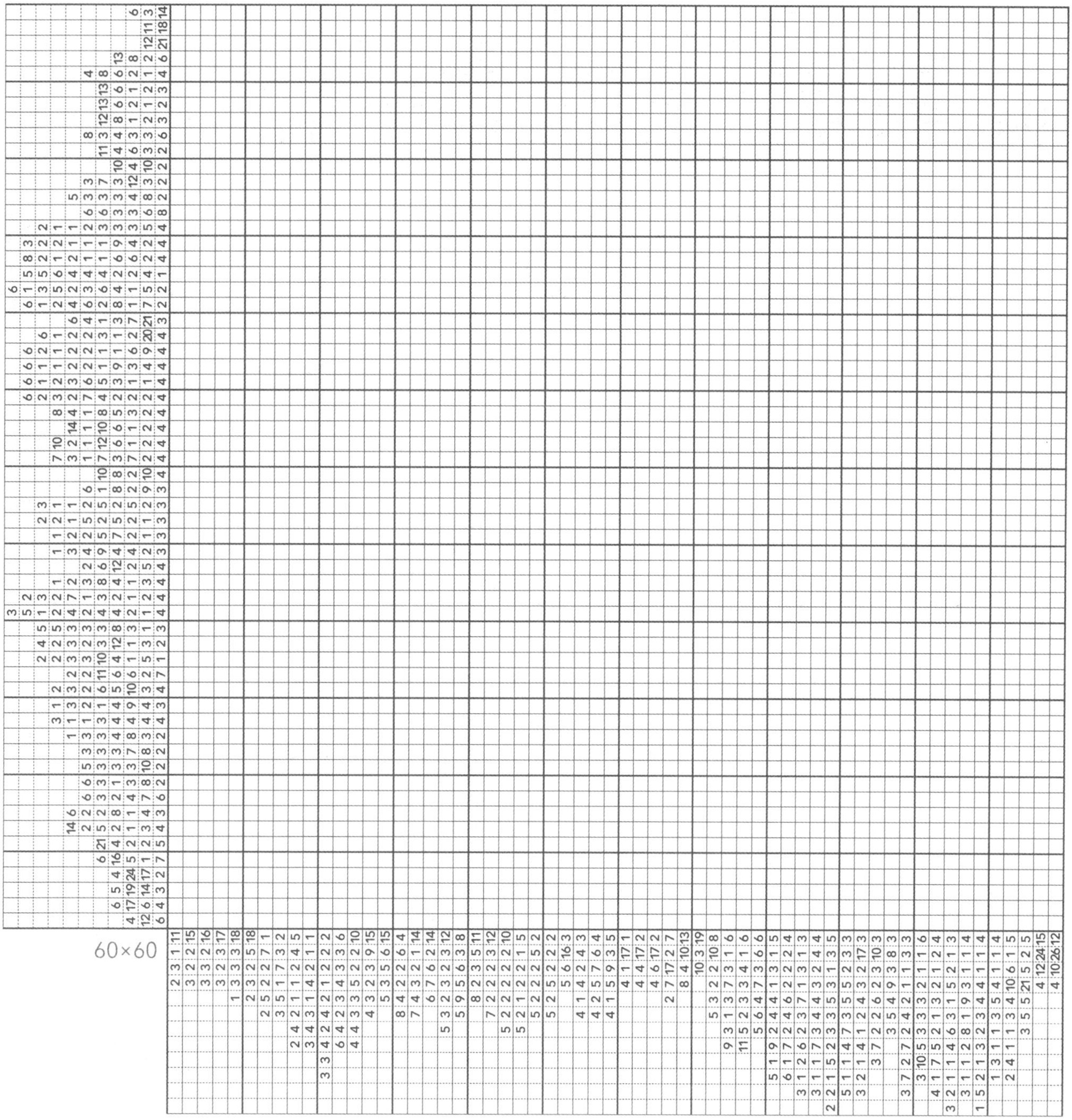

60×60

B66 곧 새로운 생명이 탄생해요

난이도 ★★★☆☆

60×60

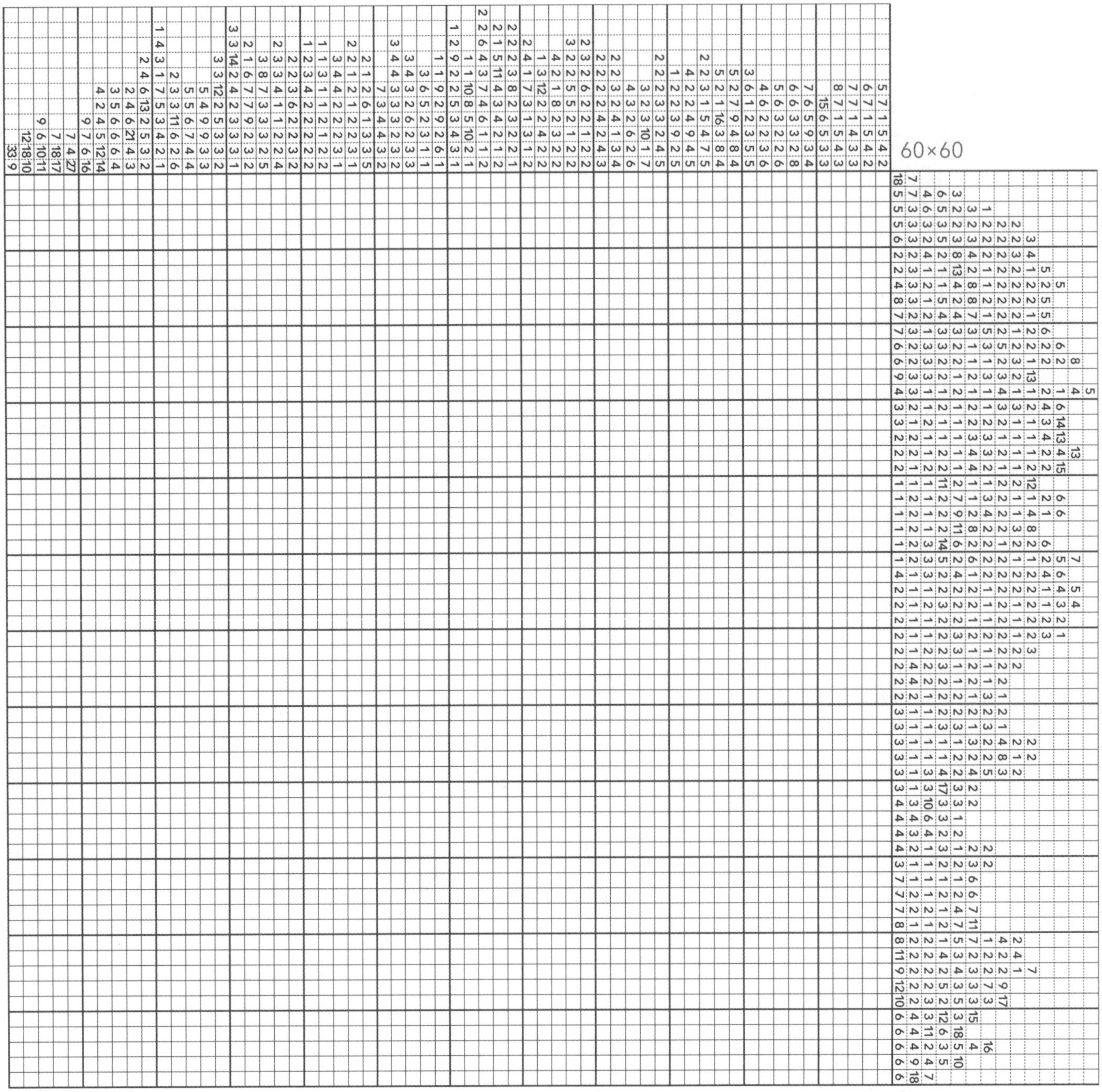

B67 어른 두 장이요~!

난이도 ★★★★☆

로직홈(https://logichome.org) 노사초 님 제작

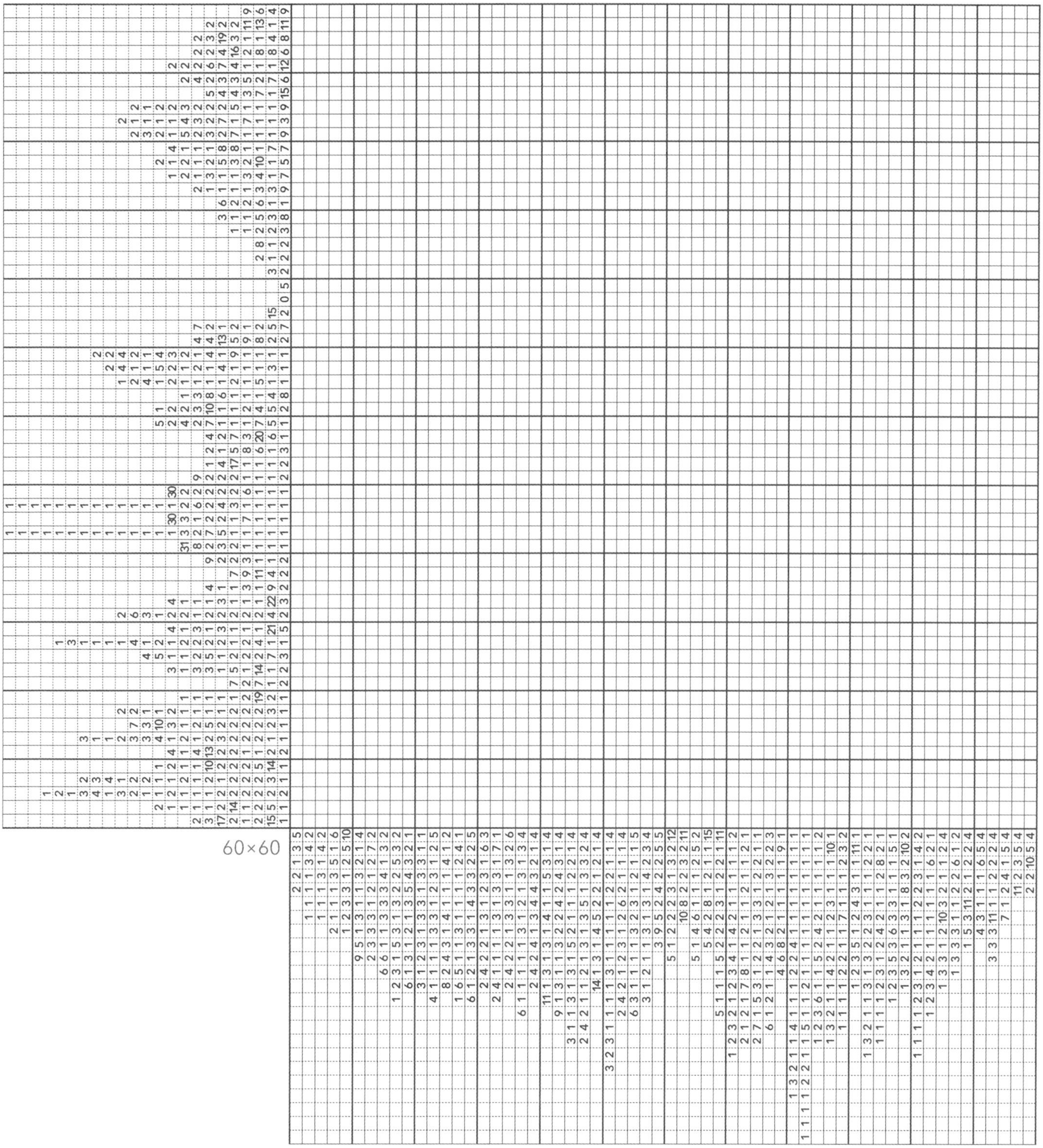

60×60

B68 힘들 때 필요해요

난이도 ★★☆☆☆

65×65

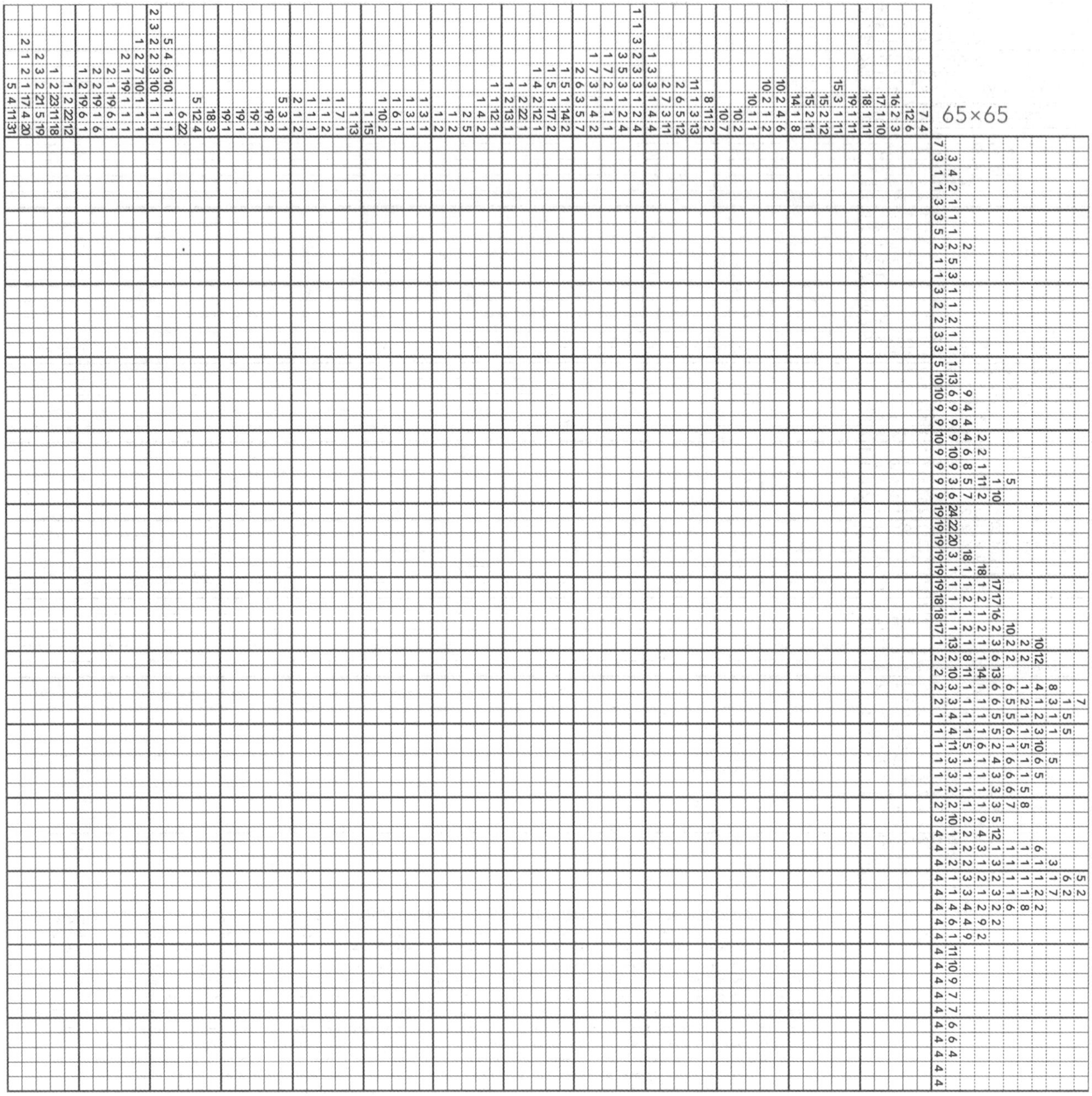

B69 귀여운 동물 친구들과 놀아요

난이도 ★★½☆☆

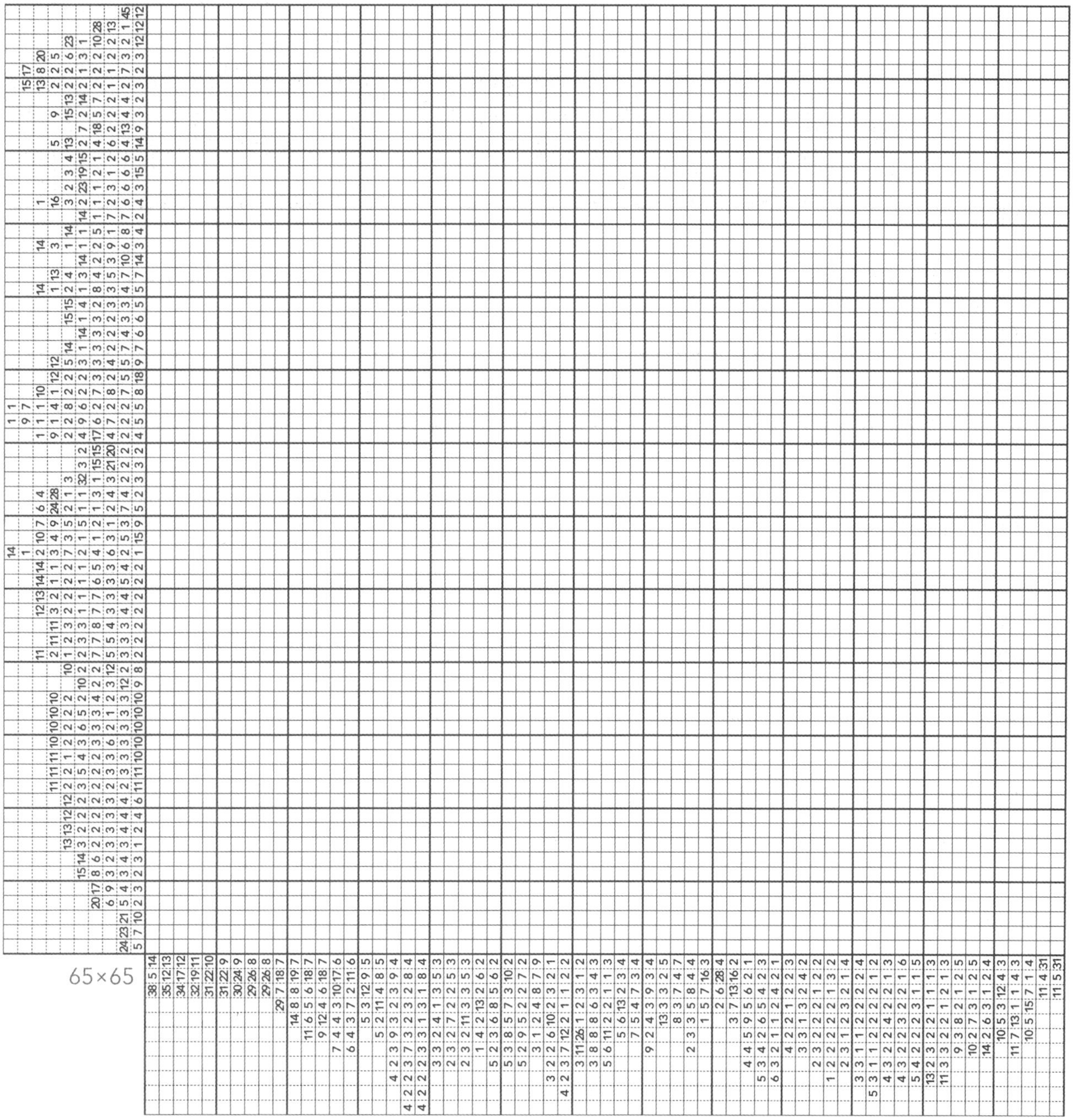

65×65

B70 + B71

2.7g의 공 하나로 승패가 나뉘어요

65×65

2 1 6 17 7 5
4 15 7 4 10 7
4 20 3 6 2 2 5
4 18 3 3 2 2 5
4 16 3 2 8 3 4
8 5 3 1 9 3 2 5
13 3 11 1 6
4 11 2 11 1 4 1
4 10 3 10 1 4 1
4 2 6 2 10 3 1 1
4 8 2 5 9 4 1 2
3 8 1 9 9 3 4
4 7 2 10 14
4 3 1 12 8
2 6 5 13 9
1 17 13 10
13 3 11 8 1
12 14 8 2
8 2 2 8 2 7 5 4
7 2 2 6 1 10 10
10 2 3 4 3 5 1 5
10 4 2 1 4 1 4
9 4 4 2 4 1 4
8 1 1 9 3 1 2 1 4
8 1 2 1 8 2 2 11 6
8 2 3 5 1 1 10
8 2 3 2 2 1 5 3 1
7 2 1 1 1 3 1 1 1
5 5 2 3 2 4 1 1 1
1 10 4 2 1 1 5 1 2 2
2 8 2 1 2 1 6 1 3
3 4 4 1 1 1 2 1 4 2 1
4 4 7 1 2 5 2 17
4 3 6 3 1 1 1 1 4 2 17
2 1 3 8 1 2 2 1 1 1 3 1 2 17
4 3 9 2 2 3 1 2 2 2 1 2
4 3 9 1 3 1 2 1 3 2 1 2
4 3 10 4 2 1 2 4 2 15
4 1 1 10 1 2 1 2 4 2 15
4 4 11 4 2 3 1 4 2 15
4 4 9 2 3 3 2 4 2 1 2 2
4 5 6 1 2 1 3 4 2 1 2 2
3 6 4 1 3 1 3 4 2 1 2 2
4 16 6 1 3 4 2 1 2 2
4 16 4 1 3 4 2 1 2 2
4 2 6 3 1 3 4 2 1 2 2
12 4 1 3 4 2 1 2 2
11 5 1 3 4 2 1 2 2
4 10 6 1 3 4 2 1 2 2
4 9 7 1 3 4 2 1 2 2
2 1 5 2 3 4 1 3 4 2 1 2 2
4 7 3 4 1 3 4 2 1 2 2
4 6 3 1 4 1 3 4 2 1 2 2
4 5 3 2 4 1 3 4 2 15
4 4 3 2 15 3 4 2 15
4 4 2 1 2 15 3 4 2 15
4 4 1 2 2 19 4 2 1 2
4 4 1 2 2 4 1 3 4 2 17
4 4 1 2 2 4 12 4 2 17
4 4 1 2 2 4 2 2 4 2 17
4 4 1 2 2 4 3 6 2 1
4 1 2 2 4 2 4 2 1
4 1 2 2 15 3 2 1
10 1 2 2 16 5 1
7 2 1 2 2 4 3 3 1

5 4 4 10 13 3 13 2
5 8 13 16 13 2
4 7 15 3 11 2 10 2
5 7 16 14 13 2
17 2
18 2
13 14 3 32
13 5 7 3 5 25
9 3 4 3 3 12 19
13 4 2 3 3 26
14 3 2 3 5 13
14 4 2 8 8 2 11
13 4 1 10 9 3
12 3 3 10 8 3 9
5 4 4 1 5 11 7 3 10
9 3 2 2 3 11 2 3 3
8 2 2 2 1 1 9 5 3 12
7 2 3 4 2 8 4 3 13
7 1 3 3 1 6 4 3
6 2 8 2 4 3 19
5 2 3 4 3 5 1 3 19
1 3 1 7 2 2 2 5 3 19
4 2 8 3 1 2 2 1 19
4 1 10 3 1 3 1 4 3 2
3 2 11 4 2 2 2 2 3 2
3 1 19 1 1 2 3 2
2 2 17 2 2 3 5 2
2 1 11 3 2 6 3 2 2
2 1 9 4 4 3 3 2
1 1 8 2 3 1 1 2
1 6 2 2 2 3 1 4
2 6 3 2 1 4 3 1 3
1 2 3 3 5 4 1 3 1 2
1 5 2 19 1 2
2 1 2 2 2 1 1 1 2
3 1 2 2 2 18 1
7 1 5 2 20 1
3 6 1 10 22
3 15 4 1
3 16 4 25
2 17 4 27
2 19 4 29
2 20 4 30
2 19 4 2
2 16 2 39
2 14 2 39
8 1 2 1 1
2 1 3 1 1
2 1 2 1 39
1 1 1 1 3 3 3 3
1 1 1 1 3 3 3 3
1 2 1 1 3 19 3
1 1 1 1 3 19 3
3 2 1 1 3 3 3 3
1 2 1 1 1 3 3 3 3
1 4 1 2 3 3 3 3
2 2 5 1 3 3 3 3
2 2 1 1 3 3 3 3
3 2 1 1 3 3 3 3
4 4 3 3 28
9 2 4 6 28
8 1 9 2 3 3 3 3
6 1 8 1 3 3 3 3
4 2 6 2 3 3
6 8 3 3

+

난이도 ★★★☆☆

65×65

4 3 1 2 2 4 1 3 1 1
4 3 1 2 2 4 1 11 17
4 3 1 2 2 4 1 3 4 2 17
4 3 4 2 4 1 3 4 2 17
4 3 7 4 1 3 4 2 1 2
4 3 12 1 3 4 2 15
4 3 1 10 1 3 4 2 15
4 3 1 2 7 1 3 4 2 15
4 3 1 2 2 4 1 3 4 2 1 2 2
4 3 1 2 2 4 1 3 4 2 1 2 2
4 3 1 2 2 4 1 3 4 2 1 2 2
4 3 1 2 2 4 1 3 4 2 1 2 2
4 3 1 2 2 16 3 4 2 1 2 2
3 1 2 2 16 3 4 2 1 2 2
3 1 2 2 4 2 1 3 4 2 1 2 2
4 3 1 2 2 4 2 1 3 4 2 1 2 2
4 3 1 2 2 4 2 1 3 4 2 1 2 2
4 3 1 2 2 4 2 1 3 4 2 1 2 2
4 3 1 2 2 4 2 1 3 4 2 15
4 3 1 2 2 16 2 4 2 15
4 3 1 1 2 17 1 4 2 15
4 3 2 2 18 4 2 1 2
4 3 3 2 4 4 4 2 1 2
4 3 3 1 4 5 4 3 2 17
4 3 3 4 7 4 2 2 17
4 3 3 4 9 4 1 2 17
4 3 3 4 10 4 2 17
4 4 7 11 4 2 1
11 6 11 4 2 1
12 9 1 6 1 2
14 8 4 5 1 4
7 6 6 2 2 4 1 4
8 3 4 2 2 6 5
7 2 3 6 3 6
7 2 2 1 1 4 1 21
8 1 1 1 1 3 1 3 2 6
8 2 8 2 2 2 2 6
9 1 10 2 1 1 2 4
10 3 14 1 2 3 3
11 2 12 1 1 2 2 4
8 2 3 6 1 2 5 12 1
8 1 2 3 1 7 4 3 2
1 11 2 3 2 10 2
2 11 4 3 2 6 4 2
2 9 7 5 7 4 3
2 4 5 10 5 3
4 2 1 5 4 3
4 6 1 6 9 3
4 6 1 5 5 4 4 3
4 6 9 5 5 2 4
4 6 10 4 4 2 4
4 6 11 3 6 2 4
4 6 11 3 7 2 4
4 7 10 2 8 1 2 4
4 7 8 1 1 11 2 4
4 7 6 3 12 1 3 4
4 7 5 4 11 7 3
4 7 4 4 12 5 1 3
4 7 3 8 11 1 1 3
4 8 2 4 1 3 5 1 3 3
4 9 2 1 3 2 2 1 3 2
4 10 4 4 2 11 2
4 10 3 3 11 2
4 10 4 2 11 1
4 10 7 7 1

13 18 23
13 26 22
13 28 19
13 30 19
17
19
46 18
31 14 18
31 11 18
3 3 4 18
23 4 3 2 3 19
3 3 3 2 1 3 19
20 3 2 3 12
21 3 2 10 6
3 3 2 1 2 10 5
23 3 5 2 2 11 4
24 3 3 2 2 13
3 2 1 3 3 10 2
29 3 2 2 9 1
29 2 2 8 1
29 7 7 2
29 6 8 1
2 3 4 4 3 2
2 3 4 8 1
10 5 5 4 1
10 7 5 3 2
2 3 9 5 3 1
2 3 10 6 2 1
2 3 11 7 1 1
2 3 11 8 1 2 1
2 3 9 1 1 2 4 1
2 3 8 4 3 2 2 2
2 3 6 2 3 1 3
23 4 5 2 1 1
4 5 2 3 2
19 4 1 2 4 5
20 4 2 3 3 1 9
21 4 3 5 2 7 5
1 4 5 11 4
22 4 13 5
23 4 13 7
24 4 3 10 8
25 4 2 8 10
1 4 1 6 12
32 2 2 13
33 1 3 14
1 1 16
1 1 9 5
33 1 1 5 1
3 3 3 4 1 1 2 1 11
3 3 3 4 1 2 1 2 3
3 16 4 1 1 2 2 3
3 16 4 1 1 2 2 4
3 3 3 4 1 1 2 3 4
3 3 3 4 1 3 9 6
3 3 3 4 7 15
3 3 3 4 5 1 6
3 3 3 4 1 1 4
3 3 3 4 1 2 4
26 4 3 3
26 10
3 3 3 4 11 7
3 3 3 4 11 16
3 4 9 22
3 4 7 25

B72 스릴 만점의 놀이기구예요

난이도 ★★★☆☆

65×65

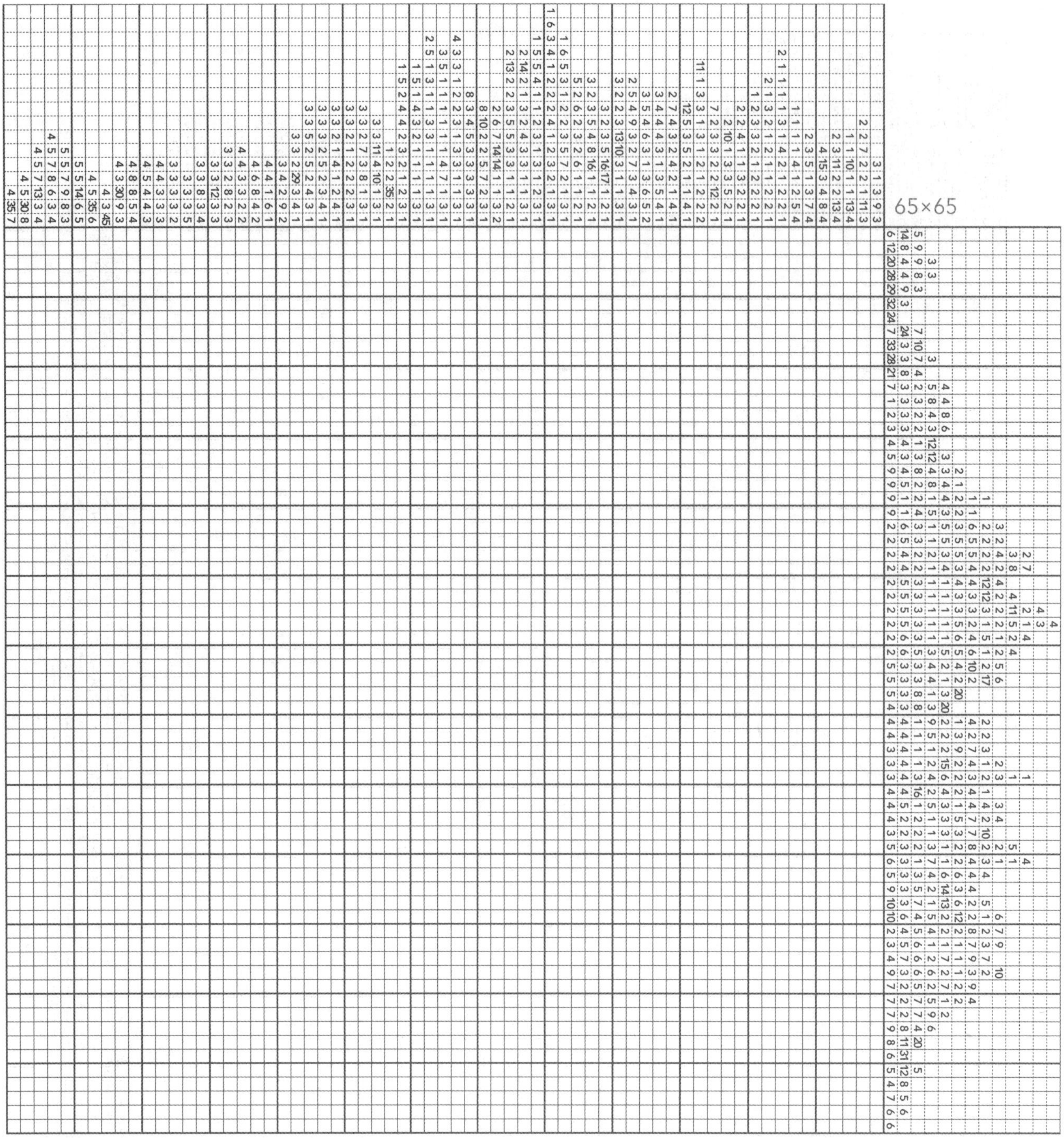

B73 가족들과 함께 시간을 보내요

난이도 ★★★☆☆

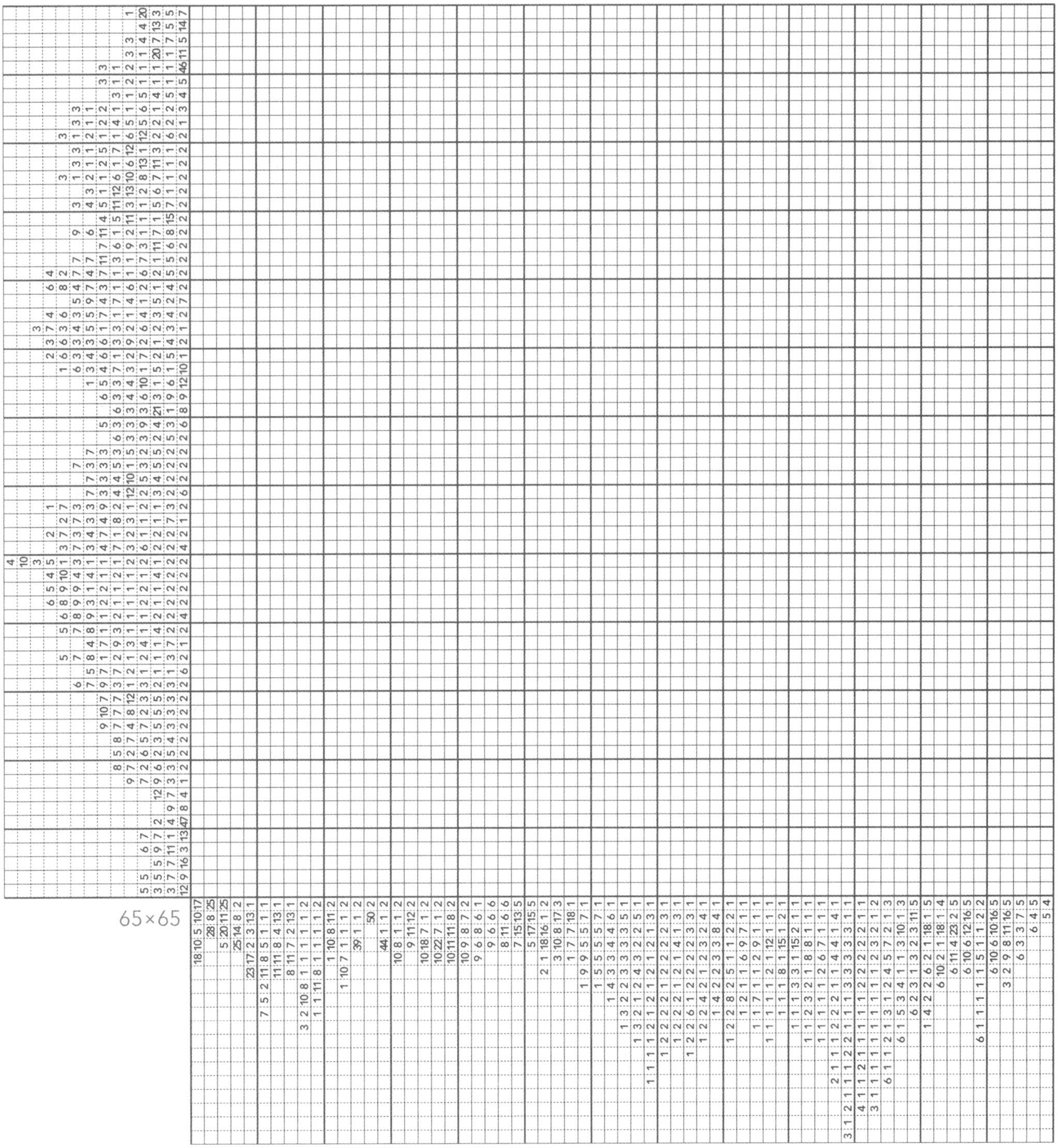

65×65

B74 최고의 휴일이에요

난이도 ★★★☆☆

65×65

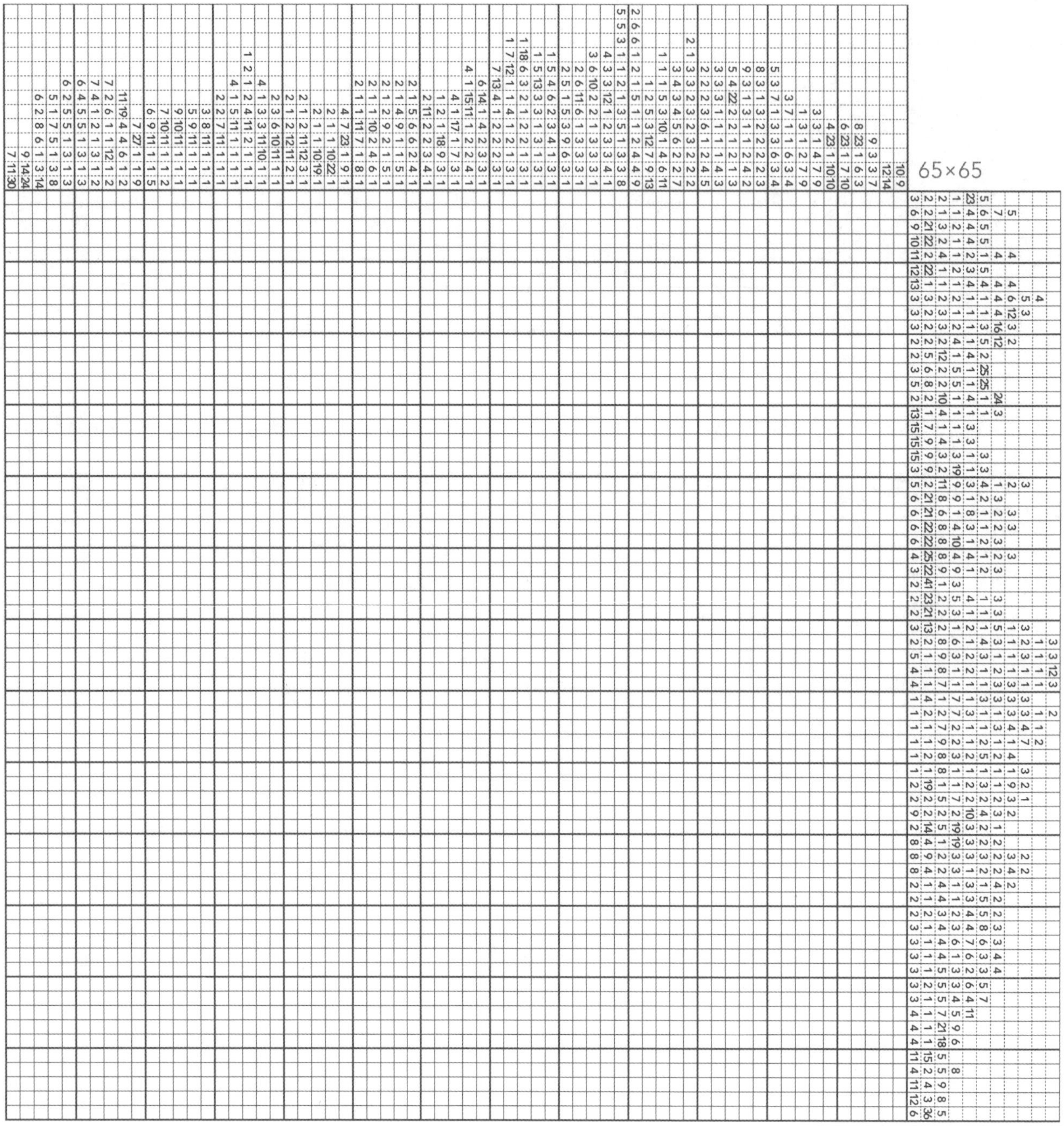

B75 가을에 가장 바빠요

난이도 ★★★★☆

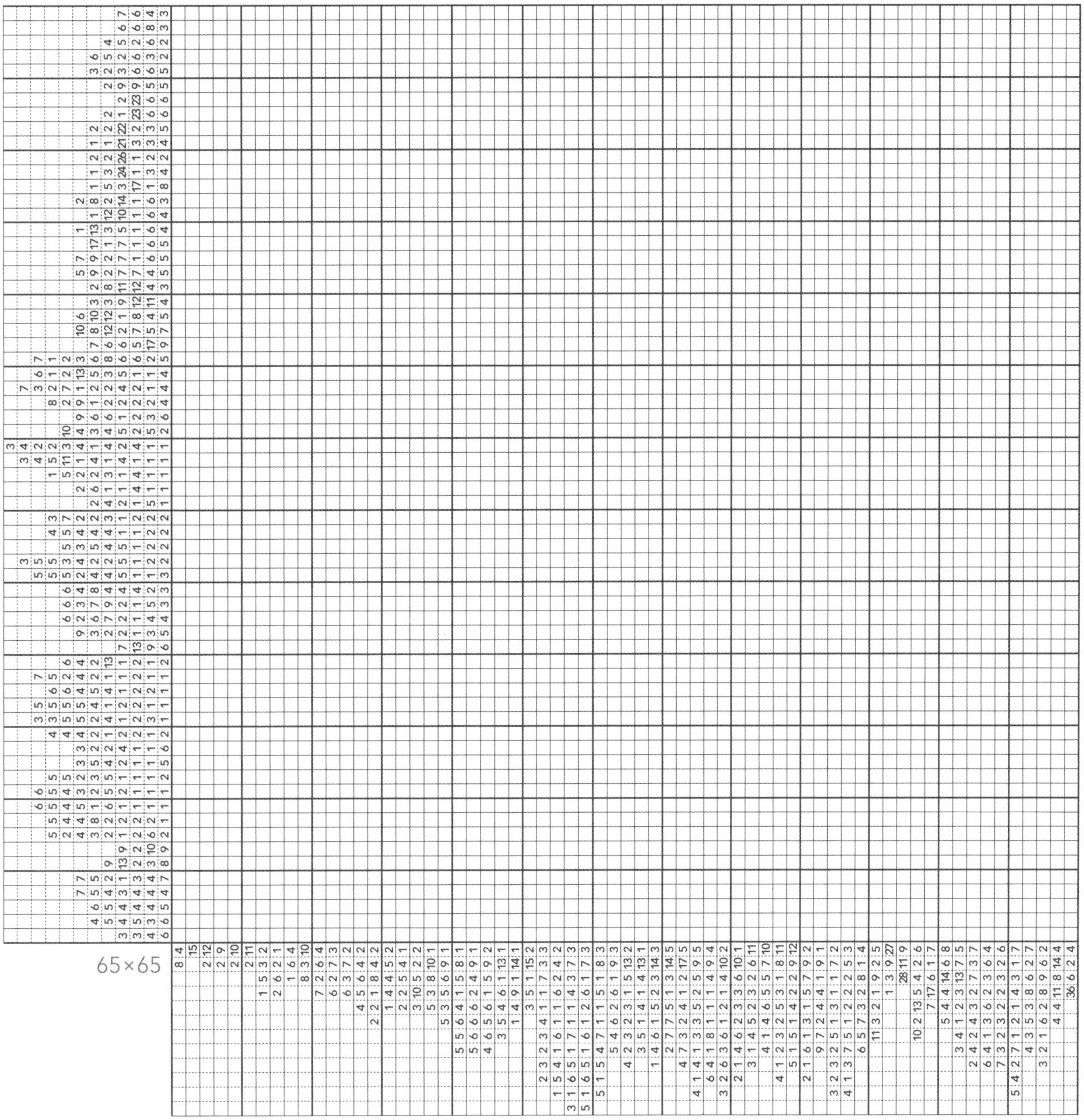

65×65

B76 팝콘과 함께하면 즐거움이 두 배예요

난이도 ★★★★☆

65×65

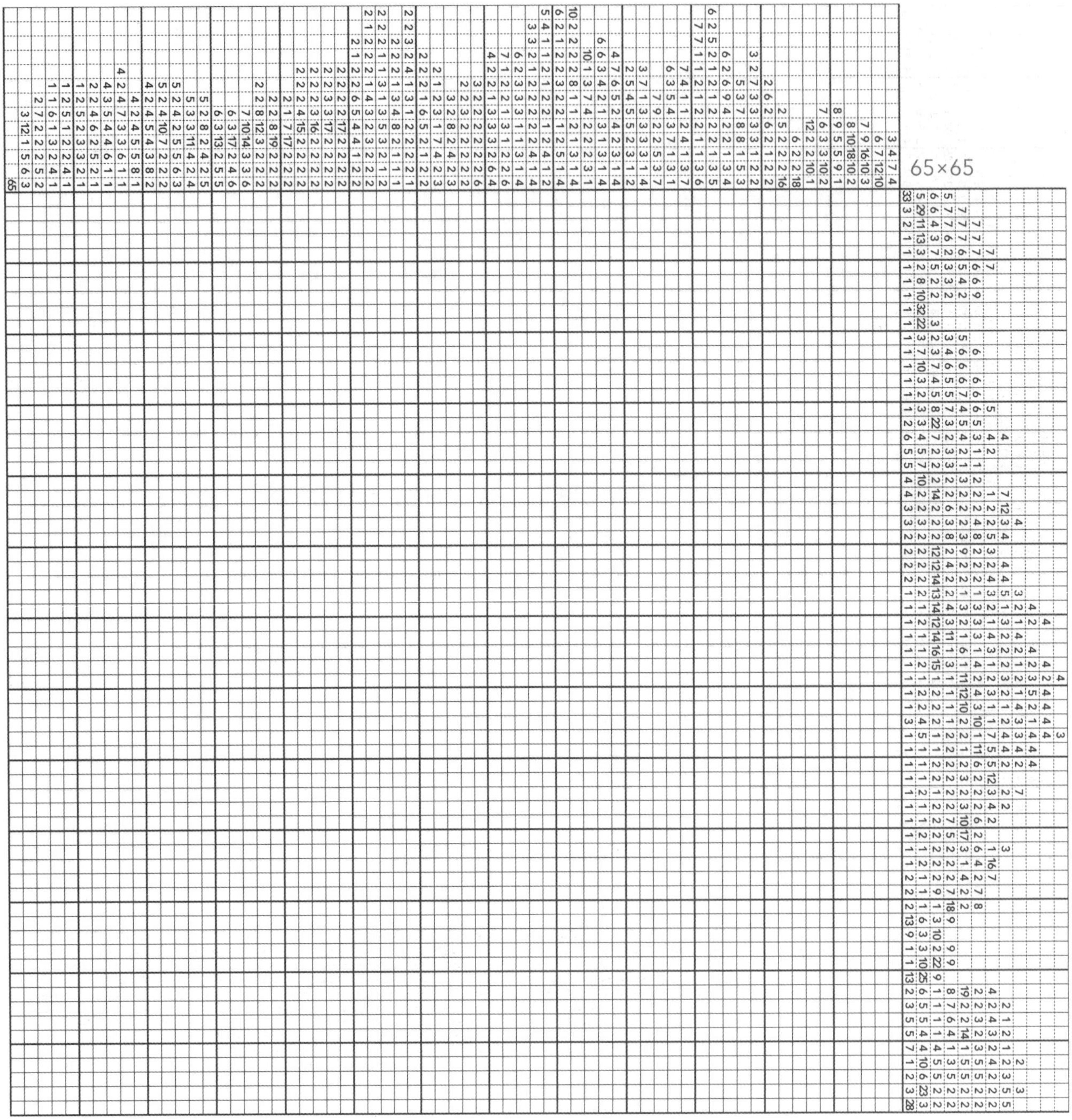

C77 보글보글 거품이 넘쳐요

난이도 ★★★☆☆

60×70

Column	Clues (top to bottom)
1	31 14 4 1 2
2	31 2 15 1 2
3	31 2 4 9 1 2
4	10 9 1 3 5 1 4
5	7 32 7 6 1 3 1
6	6 26 9 3 6 9 1
7	4 29 2 2 4 5 3
8	3 7 10 2 7 3
9	2 5 20 7 2 4 1 1
10	1 4 23 3 3 2 2 1 1
11	1 3 25 3 3 1 2 1
12	3 18 3 2 2 2 2 1
13	3 26 1 2 2 2 2
14	3 26 2 3 2 2 2 2
15	3 4 2 4 2 7 2 4
16	3 3 2 18 3 2 3 2 2 2 1
17	2 5 21 2 1 2 3 2 2 1
18	2 2 3 4 4 7 2 2 2 2 2 2 1
19	2 1 4 1 17 2 2 2 1 1 2 2
20	4 4 5 7 2 2 4 2 2 2 2
21	3 3 20 2 3 5 3 4
22	3 1 2 3 15 2 8 2 4
23	2 5 11 4 3 3 2 2 2 1
24	2 3 18 2 1 2 2 2 1
25	2 5 7 10 1 1 2 2 2 1
26	2 5 3 8 1 3 1 2 3 2 2
27	1 2 20 1 6 1 2 2 2 2 2
28	2 5 6 12 2 4 1 4 1 2 4
29	1 1 5 2 17 5 4 2 2 2 4
30	1 1 2 1 10 2 3 1 2 1 1 3 2 1
31	1 2 3 5 13 1 2 2 1 1 2 1
32	2 1 4 4 15 2 3 3 2 2 2 1
33	2 2 3 23 2 2 2 1 4 2 2
34	3 4 3 7 4 2 3 1 2 2 2
35	4 8 4 9 3 1 1 2 4
36	34 5 1 5 4
37	17 17 4 1 4 2 1
38	16 17 2 2 2 2 1
39	15 17 2 2 2 2 1
40	14 13 2 2 1 2 2
41	1 7 3 2 3 2 2 2
42	9 6 4 2 3 2 1 2 1 4
43	4 2 5 7 3 4 2 1 4
44	1 2 2 4 5 2 1 2 3 2 1 2 1
45	1 2 2 3 2 2 2 2 1 1 1 2 1 2 1
46	1 2 2 3 2 3 1 1 2 3 1 2 1
47	11 2 2 4 4 2 2 3 1
48	9 2 2 2 4 1 2 5
49	1 2 3 2 4 1 2 2
50	6 2 1 1 2 4 2 2 1
51	1 2 2 1 2 2 2 2 1 4 2 1 1
52	6 1 2 2 2 2 2 7 2 1 3 1 1
53	1 10 2 2 2 2 7 2 2 2 5 2 1
54	2 1 8 2 2 2 9 4 1 5 2 4
55	2 4 8 2 8 6 1 3 7 2 2 1
56	4 1 8 2 4 2 6 2 13 6 2
57	4 1 1 2 1 2 6 3 4 1 1 6 6 1 3
58	2 4 4 1 2 10 2 1 5 5 1 3
59	1 2 2 12 2 7 2 2 3 1
60	9 2 5 8 6 2 2 1

Row	Clues (left to right)
1	11 13 12 5
2	9 17 9 6
3	8 7 3 4 7 2
4	7 5 3 3 6 4
5	6 4 2 2 5 1 1
6	6 3 3 2 11 1 5 4 4
7	5 3 4 6 12 5 1 1 2 2
8	4 3 4 6 4 2 4 5 7 1 1
9	4 3 6 4 2 2 2 2 6 7 1 1
10	4 3 7 2 2 2 3 1 7 1 2 6 1
11	3 3 9 8 1 2 1 7 1
12	3 3 7 7 6 9 1 2 1 5 1 1
13	3 3 6 2 4 6 2 6 1 2 1 5 1 1
14	3 3 6 3 9 4 8 4 7 1
15	3 3 6 2 3 3 2 10 1 2 1 6 1
16	3 3 9 3 3 5 6 7 2 4 2
17	3 3 11 11 2 2 5 9
18	3 3 6 4 7 3 2 1
19	3 3 6 4 4 2 2 3 25
20	3 3 6 9 2 2 29
21	3 3 6 2 6 21
22	3 3 9 11 3 10 7
23	3 3 9 4 6 3 9 5 3 4
24	3 3 3 5 4 6 4 7 3 3 7
25	3 3 3 10 2 3 4 6 2 2 6
26	3 3 3 2 7 2 14 4 1 2 6
27	3 3 3 2 4 2 2 14 5 2 3 4
28	3 3 3 2 4 5 3 3 6 3 2 3 2 4
29	3 3 6 4 5 3 3 6 2 3 4 1 2
30	3 3 6 4 5 3 3 6 1 3 8
31	3 3 6 4 5 3 3 6 10 6
32	3 2 3 5 2 2 7 3
33	3 3 3 5 1 2 5 1
34	3 5 5 5 2 1 7
35	2 2 5 3 3 2 3 1 1 7
36	3 1 6 1 8 4 7
37	3 1 2 1 1 3 4 1 7
38	3 1 2 4 3 6 2 2 5
39	3 4 7 6 6 4 1
40	3 3 2 3 3 3 2 2 1 2
41	3 2 2 6 3 2 2 2
42	3 2 2 3 2 5 4 2
43	8 2 3 1 2 2 2 1 4
44	2 6 2 3 2 9 3 2
45	2 16 3 2 2 2 1
46	1 15 8 2 2 2 1
47	1 4 5 2 4 2 2 1
48	1 7 3 4 2 2 1 5 1
49	2 2 10 10 7 4 2 2
50	5 6 8 7 4 5
51	6 2 2 1 1 3 2 5
52	6 3 2 2 7 5
53	3 3 2 4 6
54	2 2 2 6
55	3 3 4 2
56	8 3 3 1
57	5 1 2 2 4 2
58	5 1 1 1 8
59	8 5 2 3
60	9 3 1 2
61	3 4 3 5
62	3 5 9
63	7 2 2 2
64	1 2 2 1
65	2 3 4 5
66	6 37 2 2
67	4 34 3 2
68	2 4 2 2 2 2 2 1 4 2
69	8 37 7
70	2 6 2 2 2 2 6 2

C78 한 걸음 한 걸음 조심히 걸어요

난이도 ★★★⯪☆

60×70

Column clues (top to bottom)

Column	Clues
1	9 5 2 2 8 2
2	13 4 2 2 15 2
3	23 2 17 1 2
4	16 2 27 2
5	21 2 18 2
6	9 12 2 9 3 2
7	8 14 2 4 3 2
8	4 9 2 2 3 3 2
9	6 2 2 2 3 3 2
10	8 3 2 2 3 3 2
11	8 2 2 2 2 3 3 2
12	6 3 2 2 2 3 3 2
13	3 3 2 2 2 5 3 1
14	3 2 3 2 2 4 3 3 4
15	2 2 1 8 3 2 1 21
16	2 1 3 2 2 3 1 6 4
17	2 2 3 2 2 2 1 3 20
18	3 2 2 3 6 1 4 2 23
19	8 3 3 6 1 3 1 11 3 1
20	14 2 6 1 2 2 3 3 3 2
21	14 3 6 8 1 1 3 3 2
22	14 4 1 3 1 3 1 2 3 3 2
23	14 4 6 1 3 3 3 3 2
24	14 4 2 2 6 3 3 2
25	6 5 9 1 6 3 2 2
26	4 3 1 2 4 4 1 11 3 3 2
27	3 4 1 2 3 3 3 2 16 3 2
28	5 2 1 2 1 3 3 1 4 2 18 1
29	3 2 1 1 2 2 3 2 5 1 12 1
30	2 1 2 2 5 6 2 1 3 2 6 3
31	2 1 4 3 1 3 2 1 3 1 3 2 2
32	1 1 2 1 2 2 3 3 2 1 11 2 1
33	1 1 2 5 2 2 6 3 2 18 1
34	1 1 2 3 2 2 2 3 1 19 1
35	1 1 2 1 2 1 3 3 2 1 2 1 19 1
36	2 1 2 1 2 1 2 1 1 1 1 2 22 2
37	2 2 1 1 1 2 1 1 2 2 4 20 1
38	3 2 1 2 2 1 2 1 1 16 2
39	4 1 6 1 2 3 2 12
40	2 2 5 2 1 4 4 3
41	2 4 2 2 2 4 1 16 3
42	3 6 3 2 4 1 12 14
43	3 2 7 1 11
44	4 1 5 3 7 2
45	5 7 3 5 2
46	15 4 4 2
47	15 4 3 2
48	15 4 4 4
49	2 6 4 2 2
50	1 11 11 1 1
51	17 5 18 2 1
52	17 25 1
53	2 25 1
54	2 26 1
55	2 26 1
56	2 26 2
57	2 27 3
58	4 30 1 1
59	3 16 15 1
60	10 6 1

Row clues (left to right)

Row	Clues
1	2 2 32 2
2	2 2 15 13 2
3	2 2 2 12 2 7 2
4	2 3 2 2 8 1 2 5 2
5	3 2 5 7 2 7 2 4 2
6	3 2 4 8 1 1 3 2
7	3 3 4 7 4 6 1 3 2
8	3 3 3 6 5 7 2 3 2
9	3 2 2 2 5 1 1 4 2
10	2 2 3 4 12 8 7 2
11	2 2 2 3 6 5 5 4 2
12	5 6 11 7 4 4 2
13	4 5 7 2 2 1 2 2 1 4 2
14	3 4 9 2 2 3 5 2
15	1 3 3 1 2 5 6 7 2
16	1 6 5 4 1 3 2 4
17	8 5 6 2 2 2 3 3
18	12 3 4 1 7 3 2
19	10 3 4 2 4 1 3 2
20	7 3 4 2 2 1 2
21	5 3 4 3 3 2 2
22	5 2 6 3 2 7 2 2
23	5 1 4 1 3 2 3 3 1 1
24	5 1 4 1 1 3 5 2 1
25	5 1 6 1 1 2 1 2 2
26	28 2 1 2 1
27	28 2 1 2 2
28	2 2 2 2 1
29	3 2 1 1 1
30	4 3 1 2 1
31	21 2 3 2 2 1
32	17 1 2 2 1 2 1
33	2 1 2 6 3 2
34	2 1 2 2 2 2
35	1 2 1 2 3 3 3
36	7 9 3 5 3 3
37	12 10 3 2 2
38	10 2 4 7 3 3
39	4 5 3 2 2 3 4
40	3 12 2 3 6
41	3 3 9 1 3 9
42	3 2 10 1 3 12
43	3 1 3 2 1 20
44	4 2 2 3 1 21
45	4 1 2 5 27
46	3 1 1 2 4 2 7 10
47	3 1 2 3 4 5 10
48	3 1 2 3 5 4 10
49	3 1 2 3 6 4 9
50	3 1 2 2 7 3 9
51	3 1 3 2 7 2 9
52	14 12 7 2 9
53	14 13 7 1 8
54	14 13 7 1 9
55	3 1 2 3 7 1 9
56	3 1 2 2 7 1 9
57	3 1 2 2 7 2 9
58	3 1 22 1 10
59	4 1 23 1 9
60	4 1 8 14 1 9
61	2 1 1 2 3 7 1 9
62	2 1 1 2 3 7 1 9
63	2 1 1 2 3 7 1 9
64	2 1 1 2 2 8 1 8
65	2 1 1 2 6 1 1 5 1
66	3 2 2 2 1 1 3 1
67	5 1 2 1 2 1
68	5 2 7 1 3
69	12 5 8 6 4 6 2
70	13 3 11 4 17

C79 흰머리 안 보이게 해주세요

난이도 ★★★☆☆

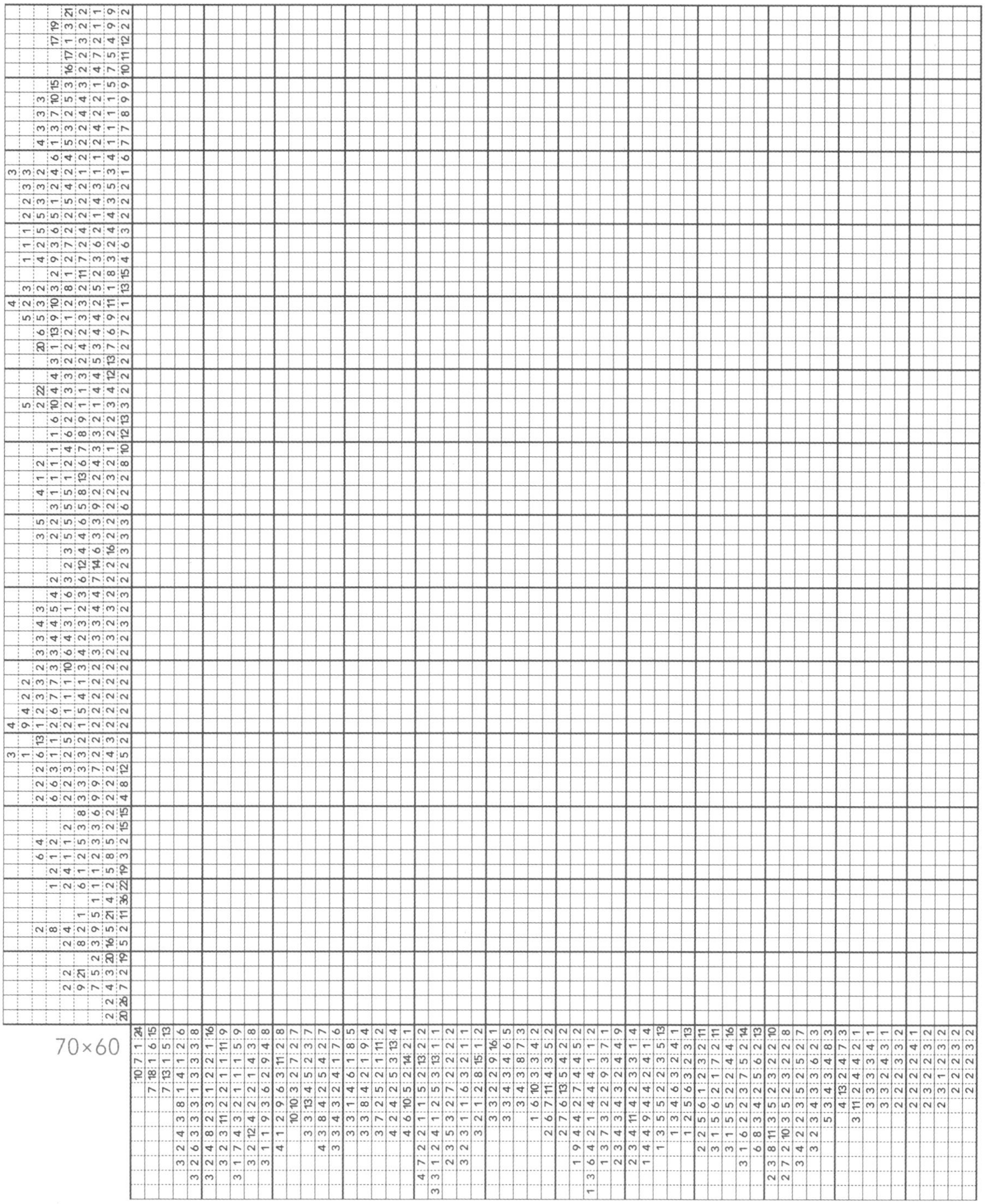

70×60

C80 커다란 뿔이 잘 어울려요

난이도 ★★★☆☆

70×60

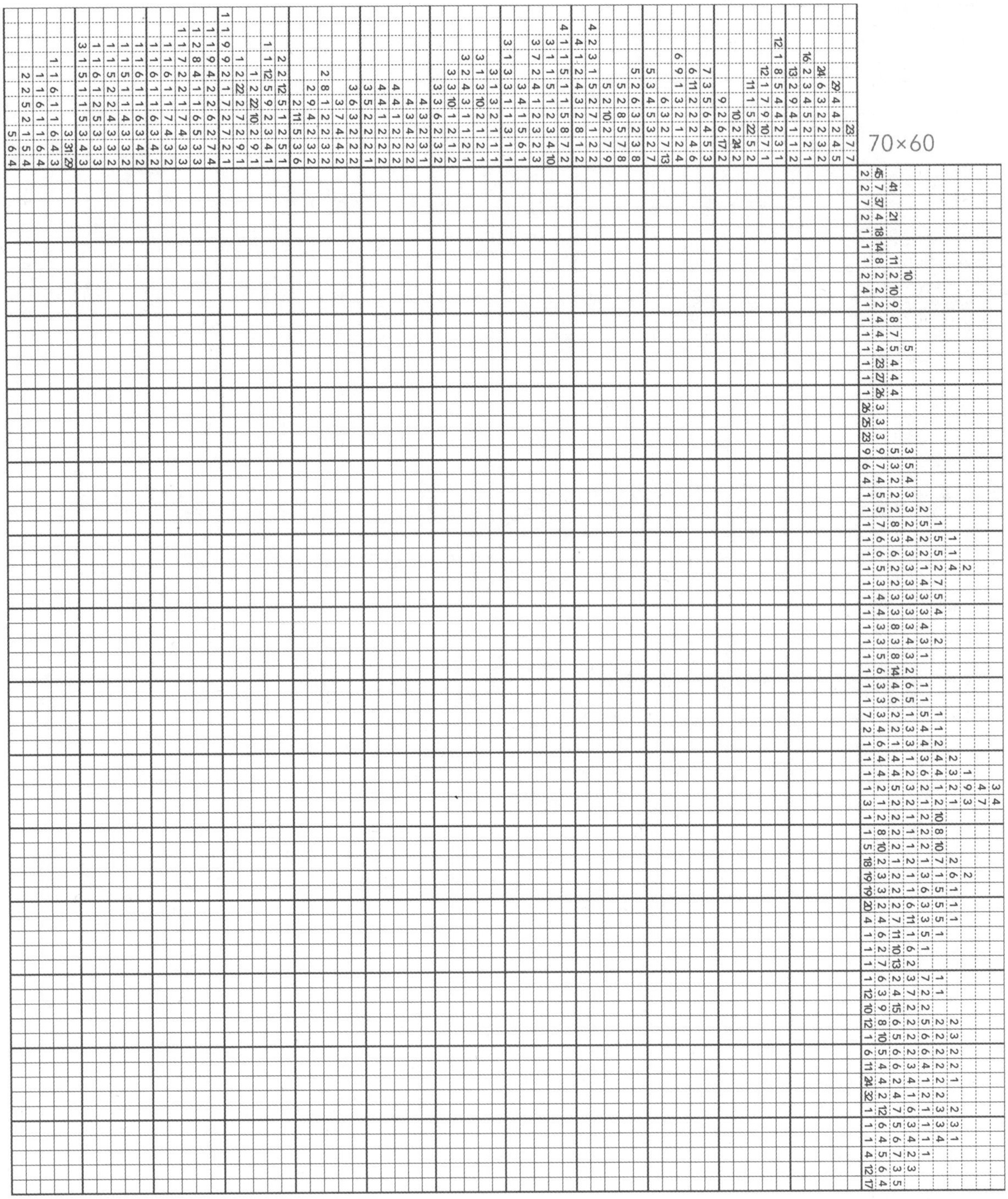

C81 향기로워요~

난이도 ★★★☆☆

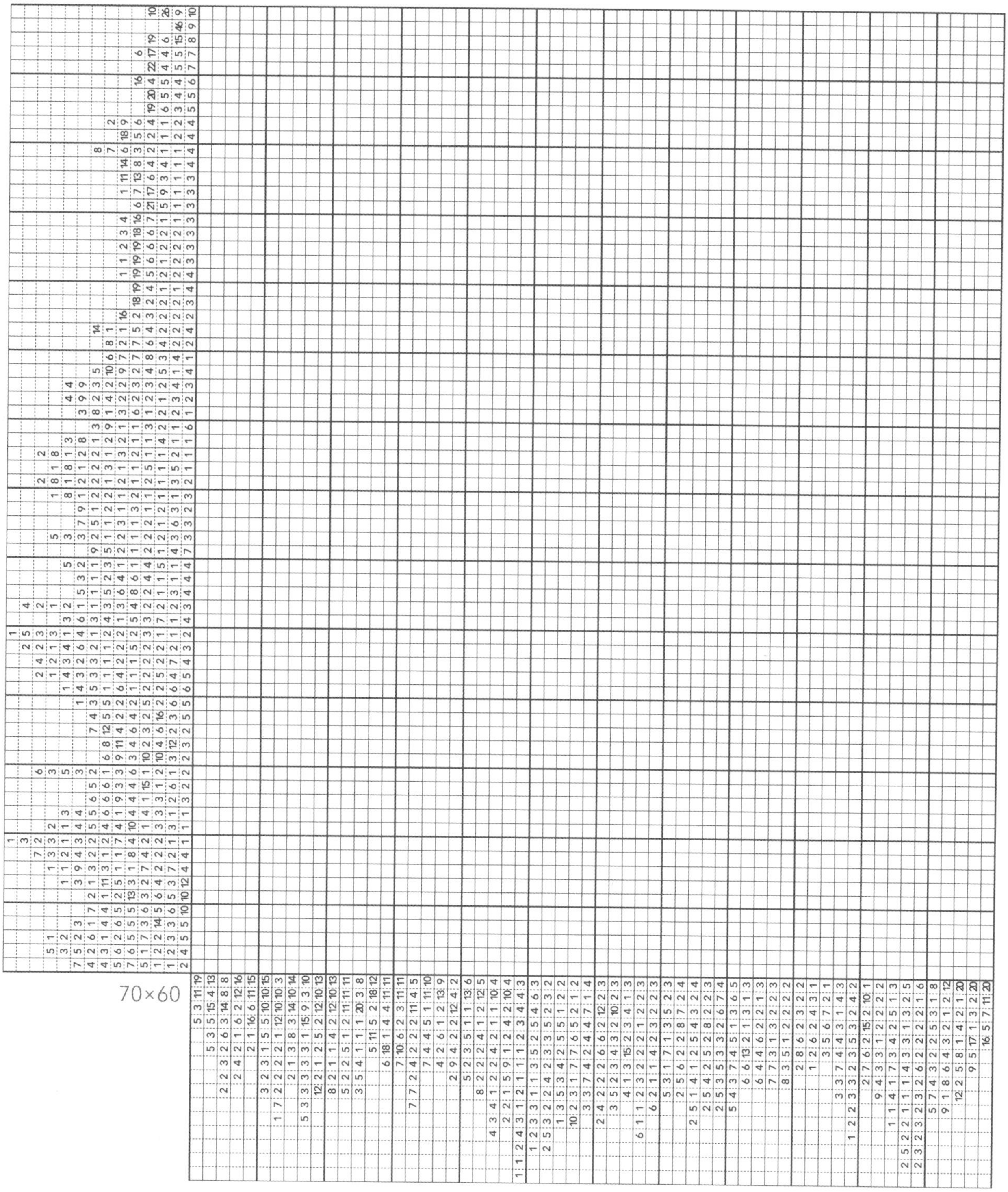

70×60

C82 허허허 메리 크리스마스

난이도 ★★★★☆

70×60

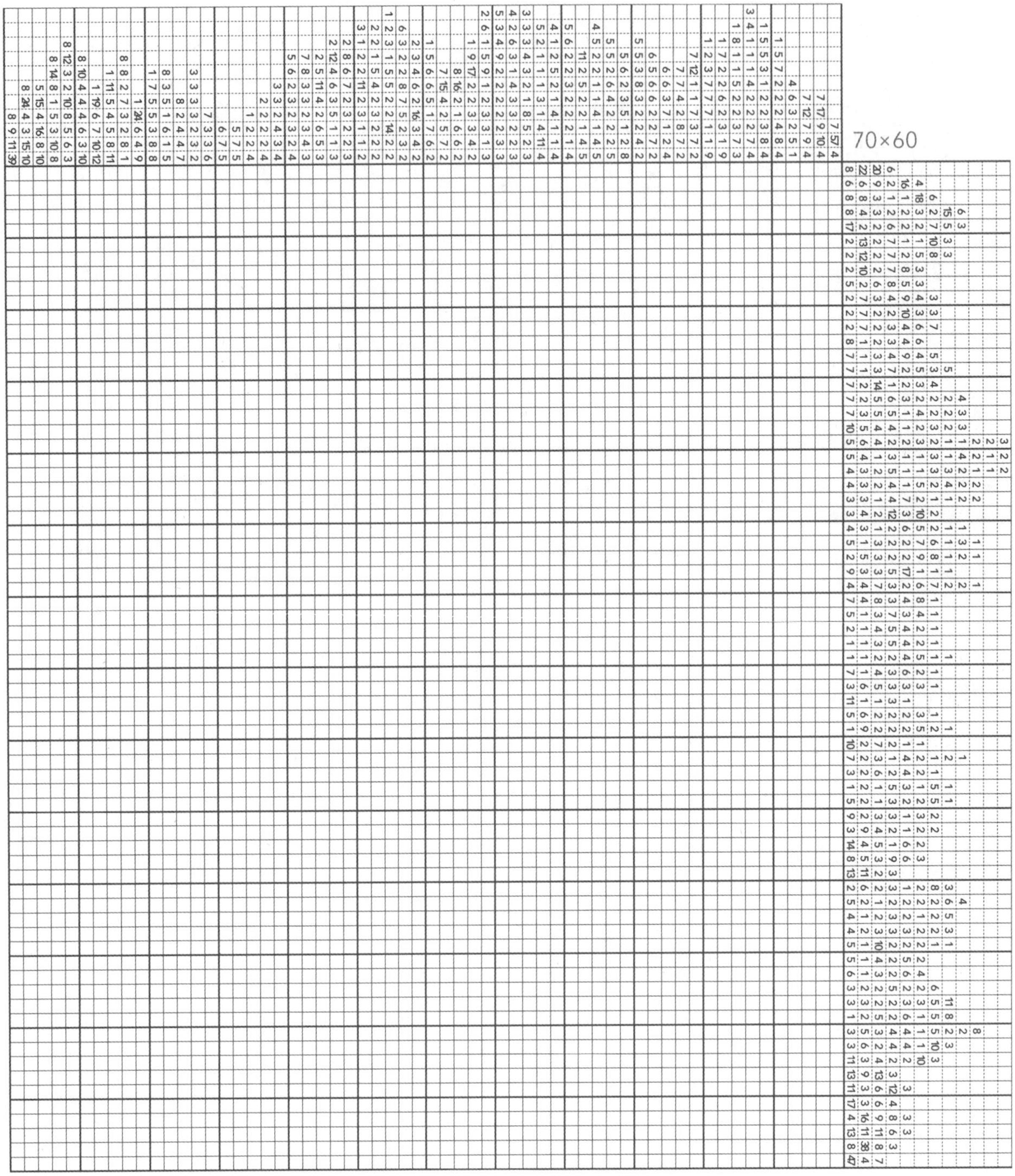

C83 우리 이제 사이좋게 지내자

난이도 ★★★☆☆

70×70

Column clues (left to right, top to bottom):

1	4 3 4 1
2	2 4 2 14
3	1 2 1 6 3
4	4 2 1 5 4 8 12
5	2 2 2 1 7 10 7 6
6	1 2 2 2 9 10 7 2 2
7	1 2 1 20 10 2 2
8	2 6 8 9 6 2 2
9	4 1 2 1 9 7 17 3
10	8 1 10 5 3 2 4 3
11	4 6 7 4 4 5 2 12
12	2 2 2 9 3 4 1 3 1 3 6
13	1 1 2 7 4 3 3 1 2 4 6
14	1 2 2 6 6 3 4 2 1 1 2 6
15	2 2 2 4 3 4 4 1 2 1 2 2 1 2 3
16	5 2 4 2 7 3 4 2 2 2 2 1 6
17	3 2 4 7 3 2 9 2 2 2 2 8
18	3 15 3 12 2 1 2 2 8
19	2 15 7 1 11 2 1 2 1 2 6
20	2 14 8 3 11 2 1 2 1 4 3
21	2 6 8 3 1 3 2 10 2 2 1 4 3
22	1 5 6 2 3 2 10 1 1 1 8 2
23	1 5 6 6 3 12 2 5 2 2
24	7 7 5 1 1 2 8 2 2 4 2 2
25	18 1 3 8 9 3 2
26	2 13 6 3 6 6
27	1 9 3 8 2 4 22
28	6 1 3 3 3 3 4 25
29	5 1 3 3 5 3 23 2
30	4 7 3 2 3 6 6
31	3 2 2 1 2 8 2 5 3 8
32	3 2 2 1 2 5 2 9 3 6 1 5
33	3 1 2 1 2 2 2 2 8 9 6 1 4
34	2 2 2 1 2 1 2 2 5 4 4 4
35	2 2 2 1 2 2 2 2 3 3 2
36	2 10 2 12 3 3
37	2 10 2 12 3 2 3 3
38	2 2 2 1 2 2 2 2 6 4 4 3
39	2 2 2 1 2 2 2 2 2 3 3 2 4 2
40	3 2 2 1 2 2 2 2 9 1 4 2
41	3 2 2 1 2 3 2 2 4 2 2 2 2
42	4 8 2 10 2 2 3 1 2
43	5 6 2 9 2 2 3 2
44	2 4 1 2 2 3 2 2
45	1 9 2 3 2 6 2
46	2 13 6 5 4 1
47	1 13 2 3 3 9 2
48	17 4 3 7 6 3
49	11 7 1 1 17 3
50	5 4 2 5 2 2 19 3
51	3 3 2 1 6 4 17 2 3
52	3 4 3 2 8 11 5 3
53	1 4 10 2 17 4 5 3 3
54	1 14 2 3 13 9 3 3
55	1 15 3 3 8 7 3 2 2
56	2 15 5 7 13 2 3
57	2 13 1 4 7 5 5 2 3
58	3 12 2 3 7 4 3 4 2 3
59	4 6 4 2 3 2 4 4 5 4 1 3
60	5 4 3 2 4 6 4 7 3 1 4
61	4 4 4 5 6 3 7 3 1 4
62	3 4 5 4 6 3 3 3 3 1 4
63	3 2 8 3 6 3 2 3 3 1 4
64	3 10 4 6 4 4 6 4
65	3 10 4 7 10 2 2 4
66	4 14 6 9 6 2 2
67	6 12 4 2 6 6 5
68	5 10 8 6 1 5
69	4 6 18 2 6
70	4 12 3 8

Row clues (top to bottom, left to right):

1	19 16 18
2	2 5 7 21 15
3	1 3 3 3 6 4 5 13
4	1 3 1 5 3 6 3 6 3 5
5	4 1 3 11 9 13 1 2
6	2 2 1 2 12 2 2 3 14 1
7	1 2 1 3 11 2 2 2 7 7
8	1 6 10 1 2 2 5 8
9	2 1 1 5 4 14 6 11
10	5 1 10 3 14 20
11	20 4 1 2 2 18 3
12	2 2 1 11 1 2 2 15 6
13	1 2 2 32 7 6
14	2 2 2 9 3 6 6
15	6 3 33 8 8
16	1 58
17	3 20 24
18	17 1 5 2 17
19	5 10 2 9 3 2 9
20	5 5 2 3 2 3 2 2 3 4 3 5
21	5 3 2 6 4 1 2 3 2 2 2 3
22	5 2 2 3 2 4 2 2 2 1 2 2 4
23	5 2 1 2 2 2 13 2 2 2 4
24	4 1 2 2 2 2 13 1 1 6
25	2 2 1 2 2 2 1 2 2 1 2 6
26	1 6 10 1 2 2 2 9
27	1 7 4 2 1 2 2 12
28	1 1 8 2 14 10
29	1 1 5 2 14 6
30	1 1 2 3 3 2 2
31	1 1 1 2 2 1 2
32	2 1 1 2 2 1 3 4 2
33	1 1 1 2 2 4 6 2
34	1 2 2 4 1 5 2 2 2 5 2
35	1 1 2 3 2 4 5 5 2 2
36	2 1 3 3 3 4 4 1 1 2
37	3 2 10 2 3 2 4 1 2 8
38	6 13 3 2 3 2 2 15
39	6 15 3 2 2 6 6 9
40	7 21 1 2 2 1 17
41	11 16 2 1 2 2 19
42	1 7 10 4 1 2 1 1 17 3
43	1 1 4 10 4 1 2 2 11 6
44	1 1 2 11 5 1 1 1 4 4 4
45	2 1 2 8 6 2 2 1 8 6 3
46	1 1 4 7 4 2 3 1 7 10 3
47	1 2 1 4 3 3 1 1 2 6 11 2
48	1 1 2 9 1 3 1 6 1 7 5 4 2
49	1 1 4 5 1 4 1 5 1 6 4 3 2
50	1 1 4 2 3 1 3 1 6 4 3 3 2
51	1 1 1 3 3 3 2 3 7 3 5 3 2
52	2 1 2 4 3 1 3 1 3 3 4 6 3 2
53	1 2 3 6 1 3 1 6 4 4 4 2
54	1 1 4 2 3 1 6 4 9 2
55	1 1 2 3 3 3 1 5 4 7 3
56	1 1 2 12 3 2 5 2 2 5 4
57	2 1 3 6 2 3 1 5 5 5
58	1 1 3 2 3 1 3 1 6 6
59	1 2 5 3 3 1 5 14
60	1 1 14 3 1 5 8 2
61	1 1 1 3 4 2 3 2 5 11
62	1 1 1 1 2 4 3 1 5 3 2
63	1 1 1 1 7 1 3 4 8 1
64	1 1 1 1 2 1 1 3 1 1 1
65	2 6 10 10 2
66	2 5 9 10 5
67	2 2 4 4 10 11
68	5 13 3 9 18 4
69	69
70	10 23 10 8 14

C84 우리 강아지 어디가 아파서 왔니~?

난이도 ★★★☆☆

70×70

Column clues (left to right, each read top to bottom)

23 22 10
2 2 9 12 4 3
2 16 2 9 26 2
2 16 2 9 2 1 1 1 2 1
2 5 9 2 9 2 1 1 8 1
2 4 1 5 2 2 9 2 1 4 4 2 1
6 3 4 2 2 9 2 2 1 2 3 5 1
2 1 3 3 3 2 9 2 2 1 4 3 1
6 3 3 3 2 9 2 2 1 3 1 2
2 3 3 2 4 2 9 2 2 1 2 2 2
2 3 4 4 2 9 2 2 7 1 3
2 4 2 5 2 9 2 2 2 6
2 6 3 4 2 9 2 2 6 2 2
2 6 5 3 2 9 7 2 1 2
2 6 1 3 2 13 1 6 1 2
2 6 5 3 2 10 2 2 1 2
2 6 1 3 2 8 2 5 1 1 1 2
2 6 5 3 2 7 7 2 3 2 1 2
2 6 1 3 2 5 3 7 9 1 2
2 6 4 3 2 4 2 2 5 1 2
2 6 1 4 2 3 2 2 7 1 2
2 6 4 4 2 2 2 2 4 2 2
2 6 1 4 2 2 2 2 4 2
9 3 5 2 2 1 2 2 2 2
2 4 4 2 1 1 3 3 1 2
8 3 2 2 2 7 1 1 2
2 4 5 2 2 1 1 5 8 3 2
2 4 8 2 2 2 1 1 3 3 2 1 2
2 16 2 1 1 3 2 4 2
2 4 1 3 2 3 1 2
24 1 1 2 5 5 3 2
24 2 9 9 1 2
1 3 2 3 1 10 2
6 3 3 3 10 2
5 1 5 1 3 1 12 2
14 2 3 2 10 1 10 3
12 4 1 3 1 2 1 1 1 5 4
9 3 3 1 3 2 1 1 1 2 1 5
8 1 2 3 1 7 2 1 2 7
7 3 2 5 2 2 1 2 7
5 3 2 3 4 6 3 1 7
7 5 6 4 4 1 7
8 3 2 3 5 6 2 7
8 3 1 2 3 8 1 7
9 3 1 3 10 3 15
9 1 3 1 17 4 1 7
10 3 2 1 10 3 1 2 2 7
10 3 2 2 3 2 3 2 8
10 3 1 2 4 1 3 3 3 2
10 1 2 3 3 2 3 4 2 6
11 2 3 3 2 3 1 3 1 2
12 3 3 6 1 1 8
13 11 1 1 2 2 7
11 5 4 1 1 2 1 8
8 3 3 1 1 3 1 3 2
8 3 3 5 2 2 6
11 6 2 3 1 2
1 4 2 7 8
19 4 2 1 2 7
20 2 2 1 2 7
2 3 2 1 2 1 1 7
2 1 2 4 4 1 1 7
2 2 1 4 11 1 7
2 1 1 3 2 2 7 23
2 2 6 1 2 5 10 13 7
2 2 2 2 2 19 23
2 1 2 6 2 17 1 11 7
2 2 4 1 2 17 1 20
2 3 1 2 17 2 2 7
2 3 6 2 17 11 7

Row clues (top to bottom, each read left to right)

32 10 12
32 15 12
1 1 1 1 1 2 17 2
1 5 16 4 2 18 2 3
1 5 16 4 2 20 2 2 2
1 27 2 21 2 3 2
1 4 18 2 5 15 5 2 2
1 3 5 14 1 2 6 15 3 2 1
1 2 6 13 2 2 5 13 4
1 2 6 3 2 5 11 2 4
1 4 14 3 2 4 7 2 1
1 8 2 1 1 1 1 1 3 2 3 4 5 3 2 2 1 2 1
1 8 2 1 1 1 1 1 3 2 2 3 3 2 1 2 1 2 1
1 7 1 1 1 1 1 3 2 2 3 3 3 1 2 1 2 1
1 5 1 1 1 1 1 2 2 2 1 2 1 2 2 2 1
1 3 4 5 2 2 3 2 2 1 2 1 2 1
1 3 19 1 2 1 1 5 3 2 2 7
1 27 2 1 2 5 3 5
1 27 2 2 2 3 3 2 12
1 2 1 2 2 1 1 11
1 2 3 3 3 3 2
32 6 7 3 5
34 5 4 2 2
3 1 4 5 1 1
3 1 4 3 1 1 1
3 1 1 9 1 2 1
3 2 2 6 2 1 2
24 1 1 3 1 1 1
23 1 1 2 1 2 5
21 1 2 2 7 5
20 2 1 2 2 2 5
19 7 1 1 2 8 5
18 4 3 5 2 2 1 1 5
18 2 3 2 1 2 2 2 5
17 2 2 3 1 1 3 1 1 5
16 2 2 4 1 1 2 1 1 6
1 2 2 3 4 1 4 2 1 6
15 1 2 1 1 3 1 2 6
15 2 1 3 5 1 7
3 2 1 2 2 3 2 7
3 5 1 1 1 2 4 2 7
3 5 1 1 2 3 3 3 7
3 1 3 1 3 3 2 8
3 6 2 6 3 3 9
13 2 2 5 2 3 9
3 2 1 2 1 1 5 2
3 5 2 4 2 1 8 3
3 5 1 1 1 15 1 9 2 7
3 2 1 1 1 1 1 5 6 1 4 3 2 4 2
1 2 1 1 1 1 1 1 4 2 2 5 1
5 3 1 3 7 2 2 6 1
1 2 7 3 1 1 2 6 1
1 1 4 2 5 2 2 11 1
1 2 2 2 1 2 2 1 5 1
1 1 2 1 2 6 7 1 5 1
1 1 2 2 5 6 1 5 1
1 1 1 1 2 9 3 1 5 1
3 1 1 1 6 6 1 1 5 1
1 2 3 1 6 1 2 7
1 2 3 1 7 1 2 6
6 4 1 7 1 3 3 5 1 1
4 2 5 1 7 1 3 3 1 1 1
3 1 6 2 6 1 2 2 2 2 1 1 1
2 3 2 2 1 16 3 13
1 3 3 1 2 1 1 1 10 5 15
1 4 2 3 1 4 11 1 3 1 13
1 18 12 1 3 1 13
2 2 13 1 3 1 13
3 62
70

C85 여름 방학에 꼭 놀러 가요

난이도 ★★★☆☆

70×70

열	단서
1	3 7
2	4 3 41 4
3	2 14 42 4
4	2 12 1 2 2 2 2 4
5	3 3 1 1 1 6 2 8 2 2 4
6	3 3 1 1 1 3 3 2 3 4 2 2 4
7	4 12 1 3 3 2 2 6 5 1
8	4 12 1 3 2 2 2 4 5 1
9	5 3 1 1 1 3 3 2 1 6 5 1
10	6 3 1 1 1 3 2 2 1 8 5 1
11	7 3 1 1 1 3 2 2 2 3 4 7
12	7 3 1 1 1 3 2 2 2 3 3 7
13	7 3 1 1 1 4 7 2 2 4 2 4
14	7 3 1 1 17 2 3 2 4
15	6 3 1 1 1 6 5 2 2 3 2 4
16	5 3 1 1 1 3 1 5 3 2 3 2 4
17	4 12 1 5 4 8 3 4 2
18	4 12 1 5 4 7 10 2
19	3 3 1 3 1 2 1 4 5 10 2
20	3 10 1 2 5 4 2 2 5 4 7
21	2 10 1 7 5 1 1 12 5
22	2 3 1 2 3 4 2 2 5 6 3
23	5 1 2 2 3 2 2 2 3 3
24	1 3 2 3 4 2 2 6
25	1 3 2 1 6 2 5
26	1 3 2 2 4 1 4
27	1 3 3 4 15 4
28	1 3 3 23 4
29	17 4 7 5 2 2 4
30	17 4 7 2 2 4 3
31	4 1 3 3 2 7 2 2 4 6
32	4 1 3 4 2 12 6 8
33	5 2 3 3 2 6 5 5 8 1
34	5 8 4 9 3 3 5 3 7
35	4 8 4 7 2 3 4 13
36	4 4 1 3 6 2 2 3 14
37	2 2 4 1 4 4 2 6 16
38	2 2 4 1 5 5 2 5 4 5 2
39	1 2 3 2 6 6 2 6 3 6
40	1 2 1 2 4 14 3 5
41	1 1 7 8 3 3 4
42	4 1 10 4 4 2 2 4
43	3 8 13 5 10 2 3
44	3 8 22 5 3 2 1 2
45	3 1 1 1 3 5 7 3 2 3 1 3
46	5 1 1 1 15 4 2 3 1 2 2
47	7 1 1 2 11 2 5 7 6 2
48	8 9 14 4 4 2 3 2 2
49	9 9 13 2 4 2 3 2 2
50	10 1 1 2 8 3 2 6 3 1 2 2
51	10 1 1 2 12 1 8 2 1 2 2
52	9 1 1 2 14 1 4 3 2 1 2 2
53	8 1 1 3 4 4 6 1 4 3 1 2 2
54	7 11 8 3 1 8 3 4 2
55	5 9 2 10 1 1 6 2 5 2 2
56	3 1 1 2 2 2 3 2 3 11 2 1 2
57	3 8 2 4 7 5 3 1 2 1 3
58	3 8 3 3 1 1 4 5 1 1 3
59	4 4 3 2 2 1 2 7 4 2 3
60	5 3 6 2 2 7 1 1
61	2 3 3 18 6 2 4
62	1 7 4 18 4
63	16 3 3 4 9 5
64	15 2 3 4 7
65	4 1 3 4 4 8
66	4 4 2 5 26
67	3 6 3 5 17
68	3 2 5 6
69	3 2 4 7 4
70	2 2 2 30

행	단서
1	4 2 2
2	6 6 3 4 2 2
3	8 10 6 8
4	12 8 2 8 7
5	16 11 8 6
6	21 2 6 10 4
7	22 2 10 2
8	1 1 2 16 2
9	22 2 18 2
10	22 2 18 2
11	20 2 2 1 1 2
12	2 2 2 2 2 5 18 2 1
13	19 2 8 2 2 2 2 2 3
14	2 2 2 2 2 7 16 2 4
15	2 2 2 2 2 6 2 2 2 2 5
16	2 2 2 2 2 2 2 2 2 2 2 2
17	2 2 2 16 2 2 2 2 3 2
18	2 2 5 7 2 2 2 5 2
19	2 2 3 7 11 7 3
20	33 10 2 3
21	2 19 5 3 4
22	19 16 4 3 5
23	2 9 6 9 4 7
24	1 17 12 16 4 4
25	22 8 17 6
26	2 14 2 8 6 10 4
27	2 1 3 2 2 2 5 18 3
28	2 1 8 2 5 18 3
29	2 2 2 5 13 11 2 3 3
30	2 2 2 18 19 3
31	2 4 2 4 3 7 15 2 2
32	2 8 3 2 3 3 2 4 6 2 3
33	2 13 2 3 2 11 1 4 2
34	2 9 2 2 3 4 5 1 5 3
35	22 2 3 2 9 2 4 2
36	18 3 2 4 2 5 2 2 4 2
37	2 3 2 3 6 2 3 2 1 1 2 1
38	2 4 5 2 8 2 2 3 1 1 2
39	2 8 5 2 5 2 6 1 1 2 2
40	2 2 4 4 3 2 1 2 2 1 1 1 1
41	2 2 3 5 3 3 1 2 2 2 2 2 2
42	2 1 3 4 2 3 2 2 2 1 4 2 2 2
43	2 2 7 9 3 2 2 6 4 1 2
44	2 1 4 14 1 2 2 2 3 1 2
45	2 1 3 2 5 2 2 2 3 2 2 1
46	2 1 6 2 3 2 2 2 5 3 2 1
47	2 1 9 2 2 1 1 10 3 2 1
48	2 1 3 3 2 2 2 2 10 4 2 1
49	2 2 3 4 2 3 1 1 10 2 2 2 1
50	2 2 2 8 3 2 2 5 5 1 2 2 1
51	2 2 2 2 9 1 1 3 4 1 2 2 1
52	2 2 2 3 7 2 2 2 2 2 2 1 2 2 1
53	2 4 2 3 1 2 1 2 2 1 1 2 2 1
54	2 5 2 4 2 2 2 4 4 2 2 1
55	12 2 4 2 2 3 2 2 2 2 2 1
56	14 3 4 2 2 2 2 2 1 2 2 1
57	2 7 2 4 3 4 6 1 2 2 1
58	2 10 4 3 3 2 2 2 2 2 1
59	2 14 3 2 1 1 3 2 1
60	2 11 4 1 2 1 3 2 1
61	2 10 5 6 1 4 3 1
62	2 2 3 5 2 2 2 5 2 2 1
63	2 2 3 2 4 1 1 8 1 2 2 1
64	24 7 2 1 4 1 1 3 1
65	23 9 2 2 2 2 3 1
66	1 6 6 10 4 5 4 1
67	21 12 5 2
68	16 2 8 7 9 2
69	6 10 3 26 4 2
70	20 14 20 2

C86 봄이 되면 깨어나요

난이도 ★★★☆☆ (3.5)

70×70

Column clues (top to bottom):

Column	Clues
1	4 6 5 22
2	2 2 5 5 11 2 2 2 5
3	1 3 4 5 13 1 1 2 6
4	1 3 3 5 17 3 2 4
5	2 3 2 4 11 6 1 5
6	2 4 2 5 8 3 3 2
7	7 2 4 6 5 3
8	3 5 1 4 5 3 3
9	12 2 3 4 2 1 5
10	16 4 4 4 3 1 2 2
11	15 3 4 7 6 2 3
12	15 3 5 2 10 3 1
13	15 3 4 2 2 4 1 3
14	15 3 5 1 4 2 5
15	10 3 4 1 4 2 1 2
16	2 9 3 4 1 3 2 1 2
17	2 4 4 2 4 2 1 1 1 5
18	2 3 2 3 5 2 2 2 4
19	1 3 1 3 5 2 2 2 4
20	5 2 3 5 1 2 5 3
21	4 2 2 6 2 1 2 2 3
22	2 6 2 6 2 1 2 1 3
23	1 2 2 4 3 5 2 2 2 5
24	6 4 3 6 3 1 1 1 1 3
25	6 5 3 6 3 1 3 1 2 2
26	2 3 5 2 7 2 1 3 1 1 4
27	1 3 4 2 7 1 1 1 5 2 3
28	5 3 2 7 1 3 2 1 2 2 5
29	5 3 2 8 1 3 2 1 9
30	4 4 2 5 2 2 2 2 2 3 7
31	3 5 2 5 2 2 1 1 5 5
32	4 5 2 5 3 6 3 4
33	5 4 2 4 2 4 4 4
34	3 3 2 4 10 4
35	3 3 2 4 7 4
36	4 5 2 4 2 4
37	1 4 5 3 4 2 4
38	2 4 4 3 3 1 5
39	2 4 3 2 3 5
40	4 2 5 3 4 3 2
41	2 3 3 3 4 8 1
42	2 2 3 3 3 9 3
43	2 1 2 4 9 2 3
44	4 1 2 3 5 3 2
45	1 1 2 1 3 4 2 2
46	3 1 2 2 3 5 1 1 2
47	5 3 2 2 5 3 1 1 6
48	5 2 1 3 7 4 4 5 4
49	5 2 1 4 9 1 4 1 1 3 5 4
50	3 2 2 3 7 3 2 1 4 1 1 2 6 4
51	9 2 4 7 2 3 1 1 2 2 3 6 1 4
52	10 2 4 6 2 2 2 1 1 2 2 6 2 4
53	6 3 2 6 2 2 2 2 6 4 1 2
54	13 3 5 1 2 2 1 2 4 4 1 1 3
55	13 8 2 3 2 1 1 3 6 2 3 2
56	15 8 3 1 2 2 4 7 2 2
57	18 7 3 1 3 2 3 5 5 2
58	20 10 4 1 5 5 1 2
59	20 9 5 1 3 5 4 2
60	20 9 4 5 5 6 2
61	20 12 4 6 2 2 2
62	20 12 3 6 1 1 2
63	10 4 1 14 7 1 3
64	2 4 5 2 12 7 3
65	3 8 2 11 9 3
66	4 2 4 2 9 10 6
67	7 1 5 2 6 15 1 3
68	7 2 2 2 2 4 14 2 1 2
69	4 1 2 2 2 4 15 1 4
70	4 4 2 2 3 22

Row clues (left to right):

Row	Clues
1	7 6 2 2 4 2 7 2
2	4 7 2 3 2 2 4 2 8 2 1
3	2 2 7 2 2 2 2 2 2 4 2 7 4
4	1 2 6 1 3 10 2 2 6 7 4
5	4 1 7 3 19 9 8 5
6	19 18 3 5 14
7	16 2 3 7 6 18
8	13 2 3 23
9	12 2 2 18 3
10	10 1 2 2 2 2 12 3 1
11	9 6 4 3 3 10 2 1
12	9 19 9 1 3
13	9 22 9 1 3
14	33 9 4
15	2 6 3 17
16	4 5 6 18
17	7 16 22
18	5 25 16
19	3 12 10 9
20	1 11 10 13
21	11 8 7
22	11 14 7
23	10 21 8
24	8 26 10
25	6 33 9
26	4 21 31
27	2 19 28
28	14 7 26
29	8 5 24
30	7 2 21
31	6 6 10
32	6 4 12
33	7 1 7 6
34	6 5 2 8
35	6 2 1 8
36	6 5 2 13
37	6 2 2 5 3 2
38	5 2 2 2 3 3 3
39	5 5 5 4 1 2 4 3
40	5 3 8 3 1 11
41	5 2 3 2 2 4 2
42	4 2 5 2 1 7
43	4 2 4 3 2 3 5
44	1 2 2 2 2 2 2 2 2
45	2 1 3 3 2 3 5 1
46	4 2 2 2 5 3 2
47	1 2 1 4 2 2 2 5 3
48	5 2 3 2 2 1 6 3
49	2 1 2 4 2 2 8 4
50	1 2 3 4 8 6 2 2 2 6
51	5 5 3 2 5 3 7 10
52	6 5 2 4 2 2 2 13
53	1 1 4 1 4 3 2 1 4 16
54	7 5 1 5 3 10 19
55	4 1 8 3 2 4 2 20
56	3 3 6 1 2 2 5 21
57	9 7 5 2 9 8
58	7 1 3 7 5 2 2 6
59	3 4 2 2 5 3 5 1 2 5
60	7 3 2 15 5 1 1 2 4
61	5 2 4 2 2 13 4 2 1 2 1 1
62	5 2 3 2 13 2 1 2 4
63	26 1 1 5 2 1
64	19 2 2 3 4 1 2
65	7 4 2 5
66	8 1 2
67	5 5
68	6 6
69	17
70	11

C87 낡은 벽을 깨끗이 칠해요

난이도 ★★★☆☆

70×70

22 2 1 6
4 23 2 1 6
7 22 2 1 11
7 22 2 1 3 3
6 24 6 11 2
5 2 21 1 2 4 2
4 2 13 1 2 2 2
4 1 5 12 1 2 9 2
4 2 6 3 9 1 10 4 2
2 2 6 1 2 1 2 3 3 2
2 2 2 3 3 3 1 2 3 3 3
4 3 7 1 3 1 11 11
3 2 1 2 2 2 1 12 5
28 3 1 2 5 5
4 2 9 10 5
3 2 1 2 2 5
3 4 1 1 2 5 5
5 5 2 2 1 1 2 6 6
21 2 2 1 12 12 2
1 13 2 24 3 2
1 16 2 27 2 2
1 1 11 2 38 2
1 1 7 5 13 2 3 2 3
1 1 5 2 1 1 8 2 3 2 2 4
1 1 5 2 1 1 12 1 1 2 2 4
1 1 4 1 1 7 3 1 4 18
1 1 3 2 1 2 6 2 1 3 1 6
1 1 3 2 3 12 2 1 2 4 6
1 1 3 3 13 4 1 4 1 2 6
1 1 3 3 9 7 1 3 2 2 6
1 1 7 2 3 2 2 1 2 2 8
1 1 1 1 1 2 7 2 4 5 5
1 1 1 1 2 1 1 13 2 5 5
1 1 1 1 2 1 2 11 6 5
1 1 1 1 3 1 2 1 7 4 6
1 17 1 5 1 3 2 8
1 1 1 2 2 2 6
21 1 2 4 6
1 2 2 6
1 2 6
3 1 2 6
6 1 2 6
11 8 1 2 6
5 2 3 21 1 2 6
4 1 2 23 1 2 6
4 4 22 5 1 2 8 6
4 3 10 10 2 10 6 6
3 2 2 1 7 9 2 2 2 6
3 2 1 1 6 8 1 2 1 4
4 1 2 6 8 1 2 4 3
6 1 6 6 1 2 4 2
9 11 6 2 8 3 1
7 3 8 5 1 5 2 3 3
9 8 5 10 2 7
5 8 4 1 1 2 9
5 2 1 1 1 2 3 8
3 1 2 1 1 2 3 8
4 1 2 1 2 1 2 11 2
7 2 2 1 1 9 10 4
4 2 5 1 2 4 12 2 4
2 2 2 6 3 1 2 4 2 4
3 1 2 8 4 2 2 3 2 4
3 1 15 1 1 2 10 4
2 1 5 3 3 1 2 2 3 2
3 1 6 1 8 15
3 1 8 2 5 2 2 15
3 1 21 5 1 2 1 15
3 1 28 1 2 17
2 2 28 6 3
3 27 6

1 11 10
1 14 12
1 20 15 3 2 4 1
1 1 1 7 6 4 2
1 1 16 1 3 5 2 9
1 1 1 1 1 2 5 2
1 1 1 1 1 4 3 4 3 2
4 3 1 1 1 1 1 2 1 2 1 1 5 4
12 1 1 1 1 1 1 1 1 1 3 4
9 3 1 1 1 1 1 2 2 2 4
9 3 4 1 1 2 4 1 2 5
8 5 6 1 1 1 2 2 2 5
1 3 2 2 12 1 1 2 3 2 5
1 2 2 2 13 1 1 6 1 2 5
1 3 4 14 1 1 2 1 2 5
2 3 5 9 2 1 1 9 2 5
6 4 1 7 2 1 1 12 2 5
5 2 1 6 2 1 1 1 13 4 5
6 3 1 5 2 2 1 1 1 14 4 4
6 4 1 5 2 1 1 1 1 14 5 4
6 4 1 3 1 1 6 1 15 5 1 4
6 2 3 3 3 2 1 6 10 3 4
6 1 1 1 4 2 9 5 5 3 2 4
6 1 5 3 2 4 2 1 1 2 4
6 1 4 3 3 4 3 1 4
6 2 2 1 1 4 4 4 4
6 1 1 4 7 5 3 4
7 2 3 12 2 7 2 4
8 4 2 2 2 3 2 9 3 3
8 1 3 3 3 1 13 3
7 2 2 11 2 12 3
8 1 1 12 1 12 3
8 2 2 17 14 3
8 2 15 1 11 4 2
8 1 11 2 7 3 1
8 3 11 2 2 3
8 12 1 3 2 3
8 1 6 3 2 2
5 1 4 1 4 3 1
3 1 4 2 2 2 7 1
1 5 6 2 1 7 1
1 5 6 3 2 1 3 2
1 6 4 1 1 1 1
18 8 15 7 5
1 5 2 1 1 2 1 2
1 6 1 1 4 1 1 1 2 2
1 4 1 2 7 1 1 1 1 2
18 4 2 15 6 6
18 4 15 7 6
1 2 1 4 2 4 1 2 1 1
1 2 1 5 4 2 1 7
1 2 1 7 6 1 1 7
5 1 2 1 13 1 2 1 2
5 1 2 1 1 1 1 2 1 1 1 3
1 12 1 1 1 2 1 1 1 1
5 12 1 1 2 2 1 1 14
1 8 3 1 1 2 3 7 14
1 1 3 3 1 1 2 5 7 14
1 1 2 3 1 1 5 2 1 1 4 1 4
10 2 1 1 3 2 1 2 3 1 4
10 1 1 1 2 2 1 2 4 1 4
4 5 1 5 2 2 2 2 4 1 4
1 2 2 1 1 5 2 2 4 5 1 4
1 1 4 1 1 1 19
3 1 4 6 14 19
3 9 23 9 4
3 7 26 4 5 4
4 8 29 5 5 4
51 4 6 4
50 5 6 4

C88 옛날 옛적에~

난이도 ★★★★☆

70×70

Column clues (top to bottom)

Column	Clue
1	1 2 1 1 38
2	13 2 1 3 17 4
3	1 1 2 1 3 14 1 3
4	13 2 1 3 13 1 2
5	11 2 1 3 12 1 2
6	11 2 1 1 11 1 1
7	11 2 1 1 11 2 1
8	1 1 2 1 1 10 15 1
9	1 1 2 1 22 15 1
10	11 2 3 9 4 3 3 1
11	1 1 2 3 7 2 3 2 1
12	13 2 8 5 2 3 1 1
13	13 2 10 4 1 6 1 1
14	13 2 10 3 2 5 5 1 1
15	1 1 12 3 5 2 2 2 2 1 1
16	14 11 2 3 3 1 1 2 1 1
17	12 2 3 1 1 1 2 9
18	14 9 2 1 1 1 1 1 11
19	1 1 10 2 1 9 5 11
20	1 1 12 5 11 6 11
21	12 9 1 3 1 16 10
22	10 8 1 2 2 1 16 10
23	13 8 3 1 2 1 17 10
24	1 1 8 3 1 1 2 1 17 9
25	14 7 2 1 2 1 18 9
26	14 6 2 1 2 1 18 9
27	14 5 3 3 2 17 4 1
28	1 4 4 3 3 17 2 1
29	7 1 4 3 2 1 1 18 2 1
30	11 5 1 3 2 1 18 2 1
31	14 11 2 2 17 4 1
32	8 5 4 6 1 17 2 2 1
33	7 1 1 3 2 6 1 17 2 1 1
34	7 1 3 2 1 3 18 1 1 1
35	7 1 3 2 1 2 1 1 2 4
36	7 1 3 3 1 1 4 4
37	7 1 2 4 2 19 1 5
38	6 1 3 4 1 18 1 6
39	6 1 1 5 2 19 1 7
40	5 1 1 3 1 3 1 18 10
41	6 1 3 2 1 2 2 7 11 9
42	6 1 3 1 2 2 1 8 1 8 10
43	7 1 1 1 2 1 6 1 1 1 6 11
44	7 2 2 8 1 1 1 7 12
45	10 2 3 8 1 1 1 5 14
46	13 2 2 7 1 1 1 4 14
47	12 3 3 7 3 9 1
48	10 6 3 1 2 1 9 1
49	16 6 2 1 1 7 1 1
50	11 2 5 1 1 7 1 1
51	6 1 2 2 2 1 7 1 1
52	1 2 1 2 2 7 1 1
53	12 2 2 3 3 7 1 1
54	13 2 2 2 2 12 2 1
55	1 1 2 1 11 5 9 2 1
56	13 2 2 5 12 1
57	1 1 2 2 1 2 1
58	1 1 2 2 1 2 1
59	13 2 2 1 2 1
60	2 3 3 2
61	13 2 4 4 3
62	11 2 4 2 2 5
63	11 2 7 3 21
64	1 1 2 3 5 7 22
65	11 2 1 11 3 4 8
66	1 1 2 1 1 3 2 3 9
67	1 1 2 1 1 3 1 4 2 2
68	11 2 1 3 3 4 3 3
69	11 2 1 3 4 5 15
70	11 2 1 3 38

Row clues (left to right)

Row	Clue
1	1 1 3 12 3 1 1
2	3 3 1 1 5 16 2 4 1
3	1 1 5 4 1 3 19 2 1 1 10
4	1 4 5 1 1 1 1 3 21 2 1 1 3 1 3
5	1 7 3 1 1 3 3 21 2 1 1 3 1 3
6	1 4 1 3 1 1 3 3 11 11 2 1 1 3 1 3
7	1 4 1 3 1 1 3 3 9 9 2 1 1 3 1 3
8	1 4 1 3 1 1 3 3 7 7 2 1 1 3 1 3
9	1 4 1 3 1 1 3 3 4 4 7 2 1 1 3 1 3
10	1 4 1 3 1 1 3 3 7 7 2 1 1 3 1 3
11	1 4 1 3 1 1 3 3 3 4 6 2 1 1 3 1 3
12	1 4 1 3 1 1 3 3 3 4 2 2 2 2 1 1 3 1 3
13	1 4 1 3 1 1 3 3 2 2 2 1 11 10
14	16 14 3 2
15	2 1 1
16	6 2 3 2
17	11 1 24
18	33 6 24
19	33 2 2 3
20	17 2 3 2 4
21	15 3 2 2 7
22	10 13 3 3 3 2 5
23	1 13 2 7 2 3 7
24	10 10 9 3 2 1
25	4 1 9 3 6 3 3 2 7
26	4 1 6 2 2 2 1 3 4 1 1 3
27	1 7 1 2 2 1 9 2 1 3
28	1 8 1 2 2 6 1 1
29	1 5 3 4 1 1 1
30	1 3 2 3 2 2 1
31	1 3 2 4
32	12 7 1 1 4
33	17 2 4 2 1 9
34	15 3 2 4 1 8
35	13 6 3 1 8
36	12 1 3 2 5 2 1 2
37	11 1 1 2 3 4 2 2 1
38	11 2 9 2 3 6 2 1 1
39	10 1 2 5 4 7 5 4 1
40	10 2 8 5 11 2 3 1
41	9 1 12 11 3 2 2 1
42	9 3 30 5 1 2
43	7 1 2 16 13 2 2 2
44	5 1 2 16 6 2 1 3
45	4 2 19 10 2 2 4
46	3 1 2 16 4 1 2 4
47	2 1 2 17 10 1 2 3 1
48	8 2 1 15 5 1 3 3 1
49	2 3 2 1 14 10 2 5 3 1
50	1 2 4 15 6 2 2 4 1
51	1 2 22 21 3 1
52	1 2 1 16 11 5 2 1
53	1 2 3 16 11 3 2 1
54	1 2 23 10 4 2 1
55	1 2 4 16 9 6 2 1
56	1 5 1 12 8 9 2 2
57	1 4 2 10 5 13 2 2
58	1 3 2 6 3 12 2 2
59	1 2 2 4 13 2 3
60	1 2 4 1 12 1 2 3
61	1 2 6 6 11 1 2 4
62	1 3 10 4 11 2 2 2 2
63	1 3 11 2 9 2 4 2
64	1 19 2 16 4 2
65	1 15 10 4 2
66	1 11 3 10 5 2
67	2 10 2 12 5 2
68	3 10 15 6 3
69	5 10 12 11
70	70

C89 바람에 몸을 맡겨요

난이도 ★★★★☆

75×75

4 11 2 2 3 3
5 9 2 2 1 1 2
2 2 6 3 2 1 1 2 2
2 2 5 2 3 2 1 2 1 1
1 1 4 2 2 1 2 2 1 1
1 4 2 2 7 3 2 1
1 4 2 2 6 1 1 2 2 2
1 5 3 2 7 2 1 1 2 5
1 3 4 2 7 1 2 1 1 3 4
1 1 2 3 6 1 1 2 1 1 4 3
1 1 2 2 3 6 1 1 1 1 1 1 1 3 3
1 2 2 1 2 3 1 1 1 1 1 1 1 1 5
1 3 2 1 2 4 1 1 1 1 2 1 1 1 1 4
1 3 2 2 2 3 1 1 1 1 1 1 1 1 1 1 3
1 3 2 2 2 2 1 1 1 1 1 2 1 1 1 1 2
2 3 2 3 3 1 1 1 1 1 1 1 1 1 1 2
2 3 2 5 3 1 1 1 1 1 1 2 1 1 1 1 1 1
3 1 8 3 1 1 1 1 1 1 1 1 1 1 1 1 1
2 2 5 4 1 1 1 1 1 1 2 1 1 3 2 1
2 2 10 1 1 1 1 1 1 1 2 1 1 1 2 2
2 2 8 1 1 1 1 1 1 1 1 2 1 1 1 5
2 2 1 5 1 1 1 1 1 1 1 4 1 1 1 4
2 2 5 1 1 1 1 1 1 1 4 1 1 1 3
5 5 1 1 1 1 1 1 1 4 1 3 3
5 3 1 1 14 1 1 1 4 1 1 1 1 2
5 2 1 1 5 6 1 1 1 2 1 1 1 1 2
7 1 5 4 1 1 1 1 1 1 1 1 3
1 4 4 3 1 1 1 1 1 1 3 2 1
1 4 3 3 1 1 1 1 1 3 2 2
1 3 3 2 1 2 1 1 1 3 4
1 2 3 2 5 1 1 1 3 4
52 2 1 1 1 3 2
1 49 1 1 1 3 2
9 6 1 5 1 1 1 3 2
2 3 3 7 8 1 2 1 1 1 3 1
2 5 25 2 1 1 1 1 1 1 3 1 1
2 7 3 7 6 3 2 1 1 1 1 1 1 3 2 1
2 8 3 7 5 2 2 1 1 1 1 1 1 3 2 2
2 3 5 3 8 6 3 2 1 1 1 1 1 1 3 5
3 13 7 6 2 2 1 1 1 1 1 1 3 4
3 6 3 7 5 3 2 1 1 1 1 2 1 3 3
3 5 9 6 2 2 1 1 1 1 3 1 3 3
3 5 7 5 3 1 1 1 1 1 3 1 3 3
2 4 5 6 3 5 1 1 1 1 3 1 3 2
2 5 5 6 3 7 1 1 1 1 3 1 3 2
2 1 5 2 3 5 3 2 2 1 1 1 1 2 1 3 3
1 3 5 2 2 6 2 2 2 1 1 1 1 1 1 3 2 1
1 4 5 2 7 3 7 1 1 1 1 1 1 3 2 2
13 2 6 3 5 1 1 1 1 2 1 3 5
10 2 2 3 2 1 1 1 1 3 1 3 4
2 11 2 6 4 2 1 1 1 1 3 1 3 4
5 5 2 3 4 2 1 1 1 1 3 1 3 3
5 4 2 2 2 4 1 1 1 1 3 1 3 3
4 4 2 3 2 4 1 1 1 1 3 1 3 3
4 3 3 2 2 1 1 1 1 2 1 3 2
4 3 3 3 1 1 1 2 1 1 3 2
4 3 3 3 2 1 2 2 4 1 3 2
4 3 2 1 3 2 1 3 3 1 1 3 2 1
4 4 2 2 4 1 1 2 1 1 3 2 1
4 4 2 2 3 1 2 3 1 1 3 2 2
4 5 2 1 2 4 3 3 1 1 3 5
2 2 6 2 2 2 2 1 2 2 1 1 3 4
2 2 2 2 2 2 2 1 1 3 3 1 3 4
2 7 2 2 1 3 1 3 2 2 1 3 3
2 6 4 5 4 2 3 1 1 3 3
2 6 2 5 3 2 3 1 3 3
1 6 2 3 2 4 2 1 3 3
1 6 2 2 3 5 1 3 3 4
1 4 3 2 2 3 7 2 2 3 5
1 9 2 2 2 9 3 7 3
1 2 4 2 2 2 10 3 3
1 2 3 5 2 2 4 5 4
1 2 2 3 3 2 15 4
1 2 2 2 2 9 3 5
1 2 2 2 2 7 3 6

9 18 14
2 2 15 18
2 2 1 1 4 3 10 7
2 2 1 2 29
1 15 2 25
4 15 1 2 7 12
5 7 9 1 3 10 6
2 21 7 28
1 12 31 8
3 2 30 2
1 18 3 3 10 4 3 1
2 11 4 5 17 1
2 8 5 7 3
3 8 2 3 5 1 3
4 14 3 3 4
6 5 3 2 3 2 2
22 1 4 1 4
11 5 2 2 1 2 6
9 2 1 2 1 3 3 1
2 2 10 2 1 5 6 4 2
1 1 2 1 2 5 2 10 7
5 2 2 2 4 7 3 2 2
8 1 2 3 7 4 1
3 1 1 2 1 8 2
6 12 2 11 1
6 2 2 2 11
2 2 1 1 2 8 2 4
1 2 1 2 7 2 6
1 1 1 2 5 2 2
1 1 2 4 3 7
14 2 2 6 10
1 1 2 1 8 2 2
2 1 2 1 10 1
1 1 2 1 10 2
1 1 2 1 9 2
1 1 2 10 5 4
15 2 9 4 2 7 5
2 2 2 7 4 1 3 3 8
4 1 2 5 5 2 5 2
3 5 1 2 4 4 2 5
6 1 1 2 2 5 1
1 2 1 2 2 1 5 2
19 2 6 4 4 1
1 1 2 5 6 4 2
1 2 2 3 2 2 2 1
1 1 2 1 2 2 4 2
1 2 2 1 2 2 3 2
2 1 2 8 6 5 5 1
23 2 9 4 4 5 2
1 4 1 2 3
1 34 5
1 2 2 2 2
58 3 3
2 1 2 2 2 3 3
1 1 2 2 2 4 3
1 6 2 2 5 3
2 32 1 1 5 3
5 3 1 2 2 2 6 3
4 5 3 3 32 1 1 12
2 1 5 8 3 2 1 2
1 4 4 5 1 2 2 8
2 5 6 7 1 2 2 7
68 6
1 2
70
4 1
65
4 1 1 43
62
2 1 1
2 3 2 1 2 2 2 2 2
1 4 3 4 5 4 6 6 2 4
6 12 8 8 9 11 15
3 10 8 6 9 10 16
9 8 4 8 8 18

C90 미국의 50번째 주로 태평양의 낙원이라 불려요

난이도 ★★★★☆

75×75

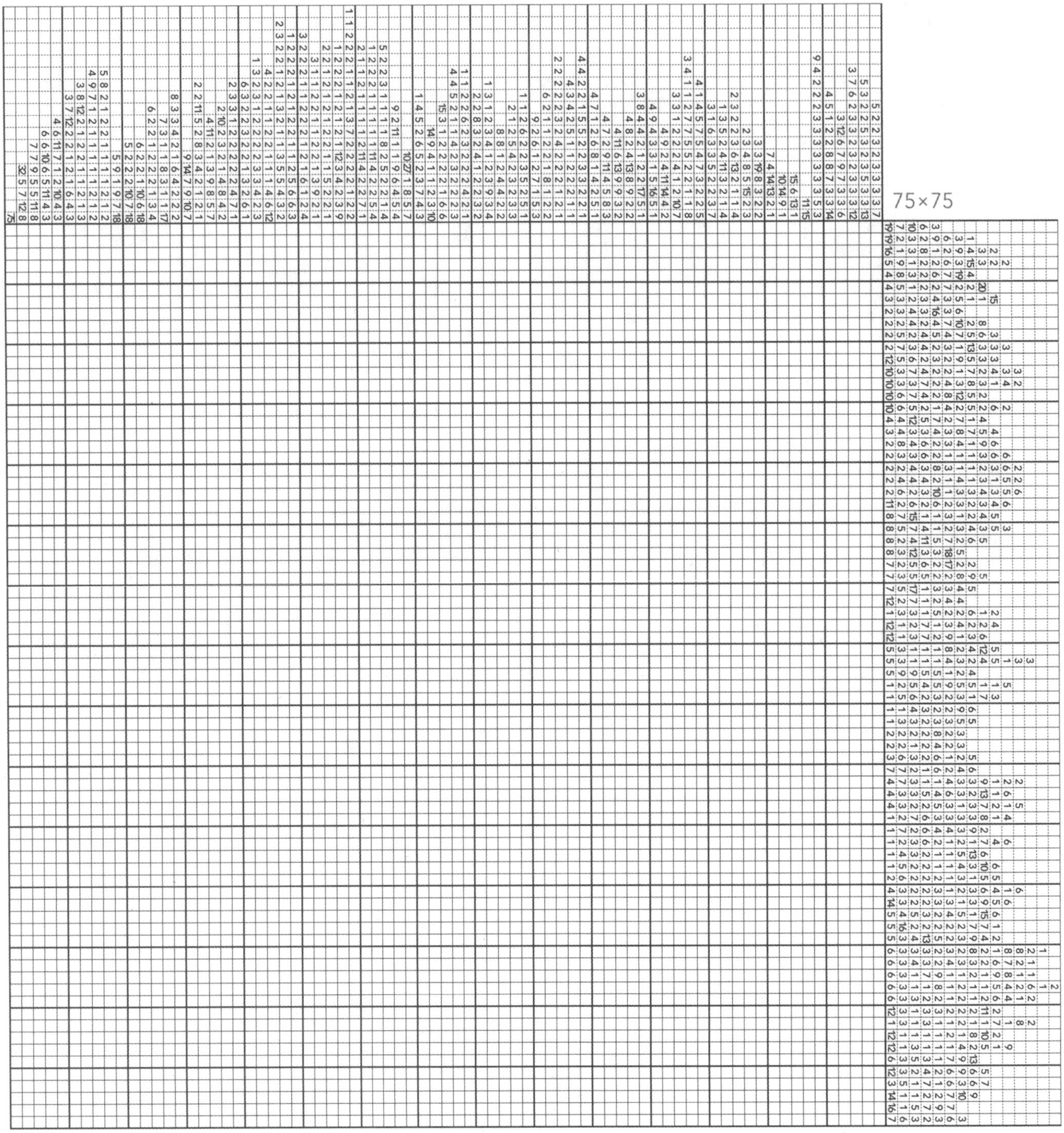

C91 기다려!

난이도 ★★★★☆

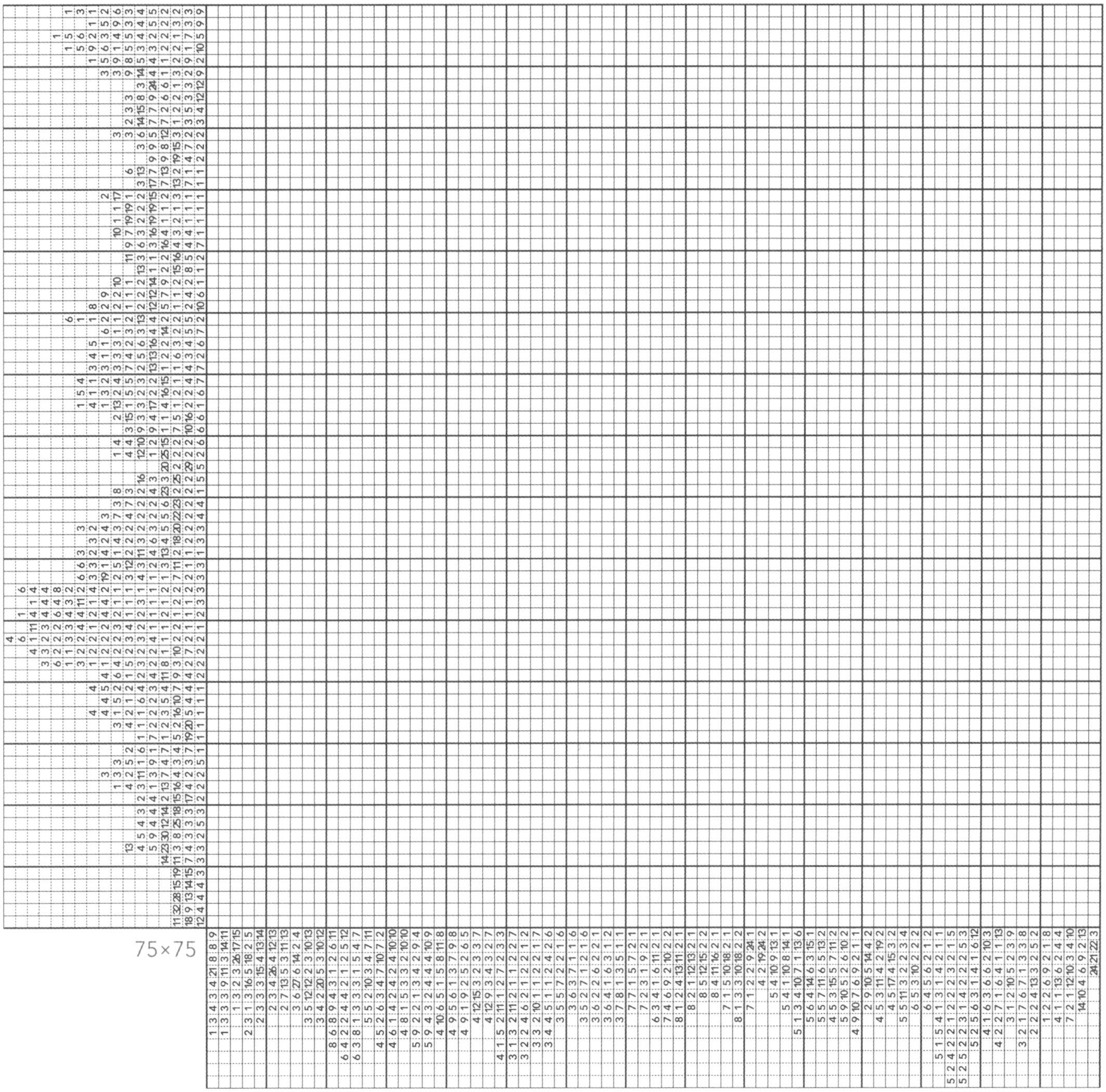

75×75

C92 + C93 언젠간 우리도 갈 수 있어요

75×75

11 12 7 12 4 7
13 6 4 2 18 12
3 4 10 4 12 4 7 3
2 3 2 6 5 17 7 2
3 4 2 8 7 5 10 6 2
14 11 7 10 4 6 2 2
12 7 3 8 9 10 2 2
12 10 10 8 10 3 2
12 10 10 5 6 3 2
1 10 9 11 7 13 3
2 8 9 12 6 7 1 3
2 2 9 13 6 5 2 3
10 4 4 13 3 6 1 4
10 4 4 14 9 1 4
1 8 2 1 15 8 1 1 2
1 8 4 3 15 7 2 1 2
2 6 4 3 29 1 2 2
1 6 8 12 5 1 1 2
2 2 7 2 4 1 1 2
6 7 1 17 2 1 2
1 9 2 4 31 1 2 3
1 4 2 1 20 6 2 1 3
2 1 2 2 1 1 7 1 2 4
5 1 1 3 2 7 2 1 5
8 1 1 7 5 3 7
1 2 1 1 1 6 4 3 8
1 2 1 1 2 4 3 2 3 3 8
1 1 7 1 1 1 3 4 2 3 9
2 4 1 2 4 2 9 2 2 3 5
6 2 1 2 3 2 7 2 10
3 4 4 3 2 6 2 11
3 2 2 2 5 2 7 2 12
4 2 2 2 2 6 8 6
5 4 3 9 7 5
7 1 1 1 1 3 7 2 2
7 2 1 1 2 7 7 3 1
5 2 2 2 1 2 10 11 1
13 2 1 1 3 3 11
11 2 1 1 2 8 2 3 7
11 3 3 1 2 12 2 4 3
11 10 1 2 7 3 2 4 2
11 8 2 1 9 2 2 3 2
10 10 2 2 2 6 2 2 3 2
8 11 2 1 2 6 2 2 2 2
8 10 4 1 3 6 1 2 2 1 1
9 10 3 1 4 6 1 2 2 1 2
9 10 1 1 2 2 6 1 2 1 1 2
9 5 5 1 2 2 7 2 1 1 3
7 11 1 3 2 6 2 3 3
7 10 1 4 2 5 2 3 3
5 10 2 4 2 4 1 3 3
4 11 1 5 3 2 2 3 5
4 2 5 2 2 2 5 3 2 2 2 3 1
3 3 4 5 5 2 5 5 2 2 5
5 4 3 3 3 8 3 2 5
7 5 5 5 4 3 2 5
7 11 5 12 2 6
1 5 15 1 8 2 6
5 13 4 2 5
3 3 14 2 3
19 2 6
2 20 2 6
4 20 2 7
5 17 2 6 2
16 6 2 5 1
24 1 8 5 1
3 19 1 3 3 4 1
23 2 3 6 3 4
11 7 3 1 2 10 2 4
11 10 1 1 6 4 1 2
9 8 7 2 7 4 2 2
11 10 9 1 2 6 4 1 2
11 10 10 2 2 6 3 2 2 2
2 11 6 5 1 4 6 3 1 2 4
7 13 3 1 1 5 6 2 1 2 4

5 8 3 10
11 13 3 1 12
3 5 7 15 3 7 11 1
2 5 3 3 3 16 7 5 8
2 6 4 6 1 15 7 14
2 6 6 1 8 1 2 13 5 13
2 6 6 3 2 2 1 2 14 2 3 11
2 6 6 3 6 17 13
2 6 6 8 2 18 17
2 6 11 1 2 17 15 4
3 15 1 1 1 7 7 17 4
16 1 1 4 1 4 3 7 8 2
9 1 10 4 18 4
4 1 1 4 2 17 4
2 1 2 1 17 1
2 1 2 2 24
6 2 1 28
4 1 20 10
5 14 20
5 2 1 14 13 6
3 1 2 12 18
10 1 4 7 6 3 14
14 6 15 14
10 5 29 13 3
10 6 4 3 18 5 4
7 12 24 5
14 7 3 7 8 4
14 7 2 2 8
3 14 1 6 3 3
6 7 4 2 1 4 3 3
11 5 4 2 4 3 3
9 7 2 1 5 4 3
1 5 9 2 2 1 8 2
6 11 2 1 3
4 12 2 6 9
3 14 2 7 3 3
2 15 2 7 2 7 3 3
1 16 2 8 2 11 3 3
17 2 8 2 3 2 5 2 3 2
18 2 6 1 3 2 5 2 2 4
1 16 2 3 2 3 2 4 2 1 6
1 14 2 2 5 2 4 2 2 2 2
2 10 2 2 6 2 3 2 1 4 1
3 7 3 2 7 2 2 2 2 5
4 4 3 2 8 2 1 2 1 7
5 1 2 2 2 6 2 1 2 1 8
5 1 2 2 2 6 4 2 1 2 5
7 1 2 2 2 6 3 2 1 2 4
9 1 2 1 3 6 2 2 1 2 3
10 1 2 2 2 6 1 2 1 3 2
4 7 1 2 1 4 8 2 2 3 1
14 1 2 2 3 6 2 1 4
17 2 3 8 2 2 4
8 8 2 4 4 1 4
8 3 5 2 12 2 4
2 5 14 7 3 2
5 13 3
8 18 3
8 22
7 6 16
10 5 8
6 2 3 11
8 6 14
11 4 7 13
10 3 11 9
10 3 10 17
8 1 3 6 4 12
5 1 5 7 4 12
4 3 5 10 10 13
3 7 3 4 4 9 13
2 4 5 16 15
2 5 14 12 4 2
3 5 14 19 3
35 7 11 3
37 7 8 2

난이도 ★★★★☆

75×75

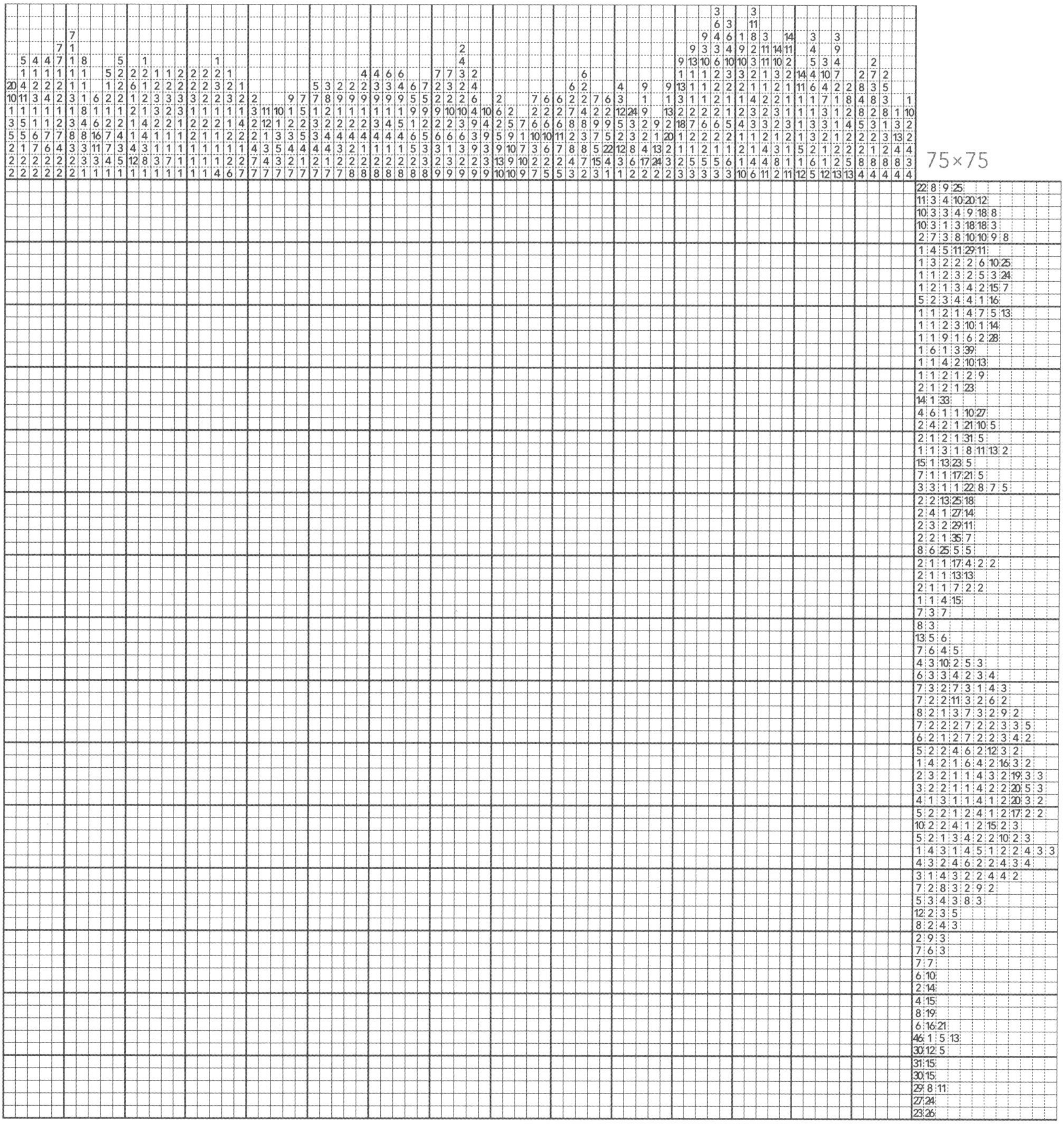

C94 열심히 페달을 밟아요

난이도 ★★★★★

75×75

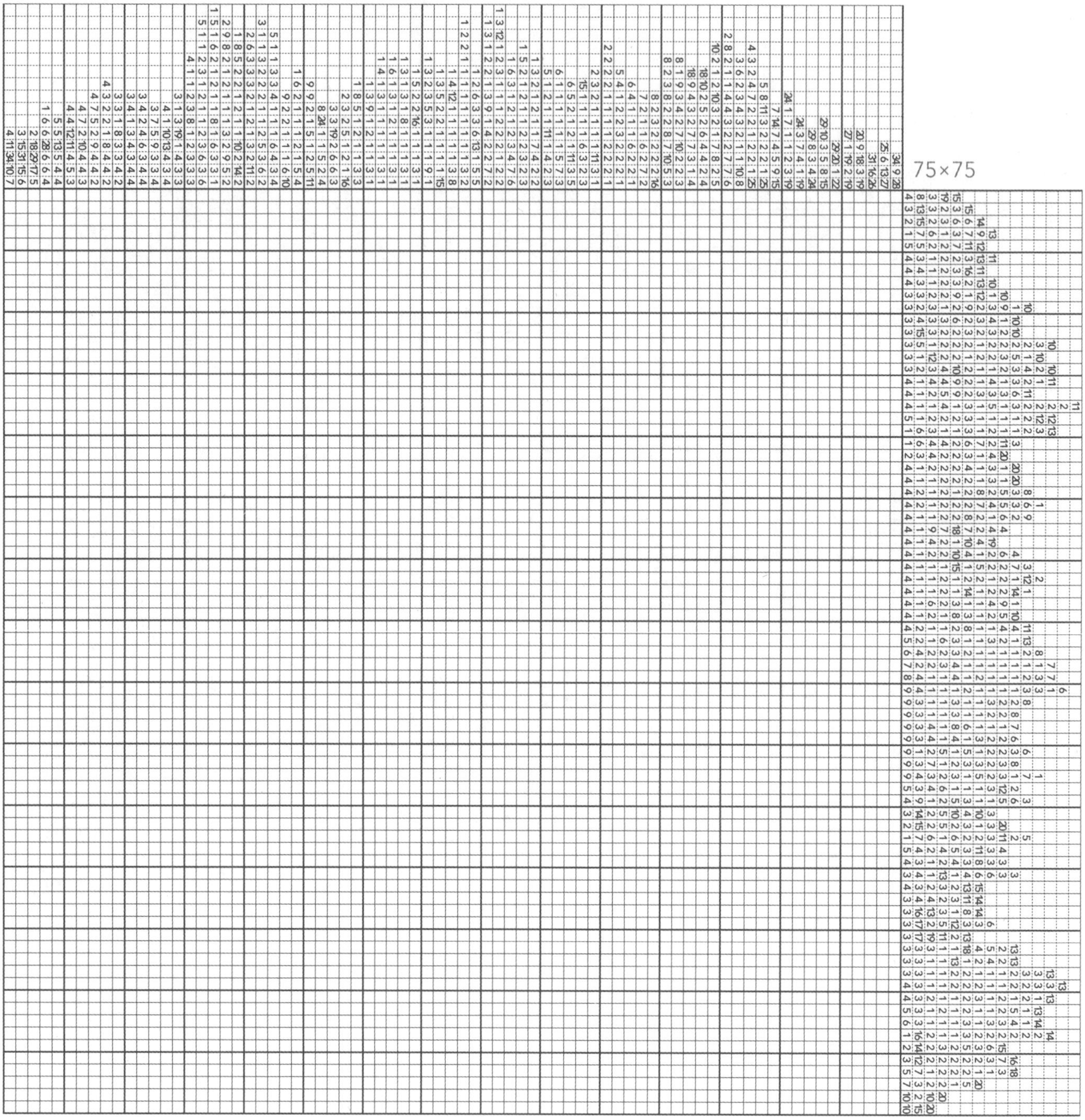

C95 긴 옷을 입고 마라카스를 들고 있어요

난이도 ★★★★½

70×80

Column clues (top to bottom)

Column	Clues
1	5 5 2 13 5
2	4 2 6 15 1 5
3	4 1 3 4 4 1 13 5
4	3 2 2 2 2 6 6 1 7 7
5	3 1 2 2 6 2 9 1 8 5
6	3 2 2 2 6 5 10 1 8 5
7	4 4 2 5 1 1 15 1 7 7
8	4 4 2 2 1 1 1 1 2 4 6 1 13 5
9	5 7 1 1 1 1 3 5 15 1 5
10	6 3 1 1 3 6 2 3 13 5
11	5 6 7 7 5 2 1 7
12	4 3 2 12 4 4 1 3 2
13	4 4 4 11 1 2 2 1 3 2
14	3 2 5 11 4 3 2 1 3 1 2
15	3 3 5 2 11 3 3 2 1 5 1 1 2
16	3 4 3 2 11 1 1 2 2 1 7 1 1 2
17	4 2 2 2 10 4 1 1 2 1 7 1 1 2
18	4 1 5 2 11 4 1 1 2 1 7 1 1 2
19	2 2 4 2 13 1 1 2 2 1 7 1 1 2
20	1 3 3 2 4 8 3 3 2 1 5 1 1 2
21	1 1 2 2 4 3 5 4 3 2 1 3 1 2
22	1 2 4 2 5 4 3 1 5 1 3 2
23	1 3 4 2 3 6 5 3 4 7 6
24	1 5 2 6 2 2 7 4 3 14 6
25	1 4 2 3 3 2 1 3 1 3 2 13 3 2
26	3 2 3 2 2 6 3 4 2 16 3 1
27	2 2 3 1 3 1 2 7 7 3 3 19 3 1
28	1 3 2 3 3 2 11 4 1 3 26 1
29	1 3 1 3 2 3 12 5 3 24 1
30	1 2 2 3 7 12 11 23 1
31	1 2 3 3 3 1 2 10 7 3 21 1
32	1 3 2 2 1 2 1 1 10 3 2 3 21 1
33	1 3 1 2 1 3 1 1 10 5 2 5 13 2
34	2 1 2 2 2 2 2 1 10 10 5 2 10 3
35	1 1 3 1 3 4 2 10 10 5 2 1 7 3
36	4 2 1 3 3 1 10 6 2 5 2 1 5 2
37	3 2 1 1 3 2 9 7 2 4 2 1 4 2
38	1 2 2 1 2 9 6 1 2 5 2 1 8
39	2 2 5 12 11 13 9 6
40	3 1 5 4 9 6 3 5 2 1 1 6
41	2 1 3 4 8 7 3 7 2 9 6
42	2 2 8 7 7 1 2 10 2 8
43	1 3 3 2 6 12 13 4 1 5
44	2 2 2 4 6 2 16 2 1 1 5
45	3 1 1 3 5 1 3 19 1 1 1 5
46	3 1 2 3 8 3 23 1 1 5
47	2 2 2 1 4 3 25 3 1 5
48	1 4 2 2 2 1 3 8 25 5
49	2 3 2 6 2 4 2 20 2 5
50	2 2 2 3 2 4 23 5
51	2 3 2 2 3 3 34
52	1 4 3 2 1 3 11 24
53	1 2 6 3 5 11 17 4
54	1 2 4 1 15 15 2
55	1 5 1 12 2 2 11 1
56	2 10 11 9 1
57	2 8 2 1 13 6 1
58	2 9 12 1 6 5 3
59	3 10 2 1 1 1 2 1 4 3
60	5 11 5 1 1 2 2 1 3 1 3
61	4 15 4 1 3 4 1 1 5 1 1 1 3
62	3 3 1 1 9 6 3 4 1 1 1 2 1 1 2 3
63	2 5 2 1 1 1 9 3 1 1 1 1 1 2 1 3 1 4
64	2 5 6 1 1 1 6 4 1 1 1 1 5 6 5
65	1 4 2 6 8 12 1 1 1 4 2 2 6
66	1 2 2 2 3 2 8 2 1 1 1 1 1 2 9
67	1 2 2 2 2 5 4 2 1 1 9 6 6
68	1 2 3 4 2 4 1 2 1 3 1 6
69	2 3 4 10 1 1 2 1 1 6
70	2 5 4 1 1 3 1 6

Row clues (left to right)

Row	Clues
1	34 18
2	19 2 3 9 2
3	18 2 14 4
4	3 7 2 2 8 4 4 3 2
5	1 3 10 2 1 1 2 1 4 1 4
6	1 7 2 1 2 3 3 3 6
7	3 2 1 19 2 1 2
8	5 2 8 5 1 5 1
9	2 7 5 5 1
10	4 7 4 1 3
11	2 4 8 2 4 1
12	2 6 7 4 2 7
13	3 5 6 4 2 1 3
14	3 4 3 2 5 9 2 4 1
15	3 2 2 3 2 4 2 2 2 6
16	2 2 3 4 7 2 1 2 2 4
17	1 6 3 2 2 5 2 3 2
18	1 7 1 2 2 2 1 2 4 3
19	3 2 1 3 2 1 1 1 8 5
20	2 3 1 1 3 2 8 5 1 2
21	1 6 4 1 9 2 3 1
22	3 2 4 1 5 2 2 1 1
23	2 2 1 5 1 3 2 1 4 1
24	2 5 12 4 6 1 1
25	6 7 3 10 3 1
26	4 4 3 10 2 2
27	6 10 9 3 7
28	2 1 7 8 5 5 3
29	2 5 2 6 8 10 10
30	1 1 2 7 8 4 1 12
31	1 5 3 16 3 1 2 13
32	1 1 3 15 6 1 13
33	1 4 5 13 4 2 13
34	2 2 5 11 5 2 12
35	2 6 2 2 11 5 2 12
36	5 4 3 2 9 4 1 1 11
37	2 2 5 2 2 3 7 9 10
38	2 9 4 2 6 5 1 2 3 2
39	14 7 4 6 2 2 2 4
40	14 2 3 2 7 2 2 3 6 1
41	15 2 4 6 1 2 2 3 8 2
42	17 2 5 11 2 3 2 1 1 3 3
43	3 13 2 1 4 6 2 2 3 10 3
44	3 13 16 2 3 3 1 1 1
45	5 11 2 8 1 2 4 3 1 2 1 1
46	5 10 2 2 9 6 3 1 2 1 1
47	6 5 2 3 6 3 7 3 1 2 1 1
48	6 2 9 3 7 3 1 1 1
49	8 2 3 2 2 6 3 1 2 1 2
50	8 2 3 4 8 3 1 2 1 2
51	2 2 2 3 3 10 2 1 2 1 2
52	10 2 2 4 15 15
53	1 1 2 2 2 3 2 17 2
54	1 1 2 2 2 2 2 3 17 16
55	1 1 2 8 2 6 18 2
56	1 2 1 4 4 14 11 2 7
57	1 4 1 2 4 14 1 11 2 1 1
58	1 4 3 2 2 12 1 10 2 9
59	1 4 2 4 16 1 11 2 1 1
60	1 4 2 22 1 10 2 1 1
61	1 4 1 1 11 1 19 1
62	41 20 1
63	42 10 2 3 1
64	1 1 1 1 11 1 10 2 2 1
65	1 1 1 32 10 2 2 1
66	1 1 1 1 11 1 1 26
67	1 1 1 1 4 11 1 1 2 10 2
68	1 1 1 1 4 11 1 1 1 10 4 1
69	1 1 1 1 6 12 1 1 1 11 6 1
70	1 1 1 1 6 11 1 1 1 18 3
71	1 1 1 1 6 12 1 1 17 3 2
72	1 1 1 1 6 11 1 1 2 11 4
73	1 1 1 1 8 16 12 3 5
74	4 5 1 1 8 2 15 3 1
75	1 1 22 5 4 6
76	13 9 15 7
77	28 16 8
78	11 2 2 16 13
79	25 22 13
80	70

C96 사람의 눈이 되어줘요

난이도 ★★★★☆

70×80

48 1 2 8
44 1 2 2 5
34 1 2 1 4
11 7 2 1 2 4 3
13 7 2 1 2 4 2 2
13 4 9 2 1 2 4 1 2
3 5 10 3 2 1 2 6 2 1
5 9 3 2 1 1 8 1 1
4 8 4 1 10 2 1
4 7 2 1 15 1
3 7 2 16 1
2 7 1 1 3 20
1 11 3 8 1 16 6
14 7 12 1 13 6
12 3 4 3 2 2 9 6 6
12 2 2 2 1 1 2 8 2 9 1
13 2 4 5 8 11 2 1
9 3 2 3 4 9 11 1 1
8 2 2 2 1 7 8 10 1 1
11 7 1 1 6 8 10 1 1
11 2 7 1 9 7 10 2 1
8 2 2 7 12 6 12 1
7 3 2 2 1 1 8 5 10 2 1
7 4 1 2 2 8 5 11 3 1
7 4 2 3 2 7 3 4 3 1
6 4 1 1 2 7 2 8 3 2 8 1
6 3 2 4 7 3 7 2 10 7
5 1 3 3 2 3 8 2 4 3
4 5 2 1 4 5 2 4 2
3 4 4 2 6 2 4 1 2 1
3 4 8 4 7 4 2 1 4 1
5 10 2 5 5 3 1 2 5 1
1 14 3 2 2 3 3 2 9
2 6 11 2 4 3 4 3 2 7
4 2 7 1 2 1 3 1 2 5 5 4
15 10 7 3 5 1 2 4 3 1
13 2 4 10 3 1 9 3 2 12
13 2 2 2 7 2 6 9 3 1 12
13 2 1 2 6 2 1 1 9 3 1 11
11 2 2 1 6 6 9 4 11
10 2 1 1 6 2 3 4 2 1 3 5 3
10 3 1 2 5 2 3 2 3 3 2 2
11 2 2 3 5 2 3 1 16 5
7 2 1 1 2 4 2 3 1 12 4 7
6 2 1 2 2 1 2 3 12 1 3 7
5 2 1 10 2 15 1 1 7
5 2 1 10 2 13 2 1 7
5 2 1 10 2 1 6 3 1 7
5 2 1 1 2 1 2 7 4 3 1 7
6 1 1 4 4 4 4 10 2 7
8 2 1 3 5 2 3 2 2 3 7
7 3 1 2 5 2 1 2 1 3 7
6 2 2 2 5 1 1 2 1 10
6 2 1 2 5 1 1 2 2 8
6 2 2 1 5 1 2 2 1 7
6 2 6 5 1 9 1 1 2 2
6 1 9 5 1 6 1 1 2 1
4 2 1 5 4 5 1 1 1 2 2 1
3 3 1 11 5 1 1 1 5 3
3 5 2 2 6 1 5 1 2 1 1 3 2
3 3 1 13 5 1 2 2 2 6 4
4 2 1 10 3 5 2 5 1 1 4 1 2
4 2 1 22 1 1 2 1 5 9 1 4
5 3 1 13 2 1 2 1 1 2 6 3 2 3
6 4 1 4 4 12 4 1 3 1 2 3 7
4 3 1 21 3 2 3 1 2 10
3 3 2 14 4 6 2 1 2 9
2 3 1 9 3 4 2 7 1 2 8
2 5 3 7 4 2 2 2 1 2 7
2 4 9 4 2 4 1 2 7

1 2 3 11 38
1 2 3 15 37
1 3 2 17 33
1 2 2 14 3 24 5
2 2 3 14 3 22 2
2 2 2 13 3 10 11 1
2 5 11 2 9 2 4
2 4 9 2 8 1 6
2 5 8 5 5 8 6
2 4 6 2 12 8 1 7
2 4 5 2 5 5 5 1 6
2 3 5 3 5 4 6
2 3 7 1 2 5 2
5 10 2 2 2 3
5 10 1 3 3 7 5 8
4 6 1 2 2 4 8 10
4 6 1 3 4 11 4
4 7 2 8 5 6
4 7 2 2 2 8
3 5 3 2 2 2 8
3 4 2 3 2 3 7 4
3 4 3 5 2 1 7 14
3 4 4 2 3 2 4 4 3 10
3 4 6 4 1 3 16 1
3 3 2 2 1 2 16
3 3 1 2 2 1 1 1 2 6 5
3 1 2 2 2 1 1 1 15
3 1 1 2 2 1 1 2 9 5 2
3 2 2 2 2 1 1 2 3 5 15
3 1 2 2 2 2 4 5 8 3 3 6
6 2 1 5 3 3 2 5 5
6 3 2 8 7 1 2
6 2 2 10 5 13 2
6 2 1 10 3 14 6
7 2 1 10 3 14 6
7 2 1 10 3 14 6
8 2 2 9 3 21
3 1 2 1 2 3 3
3 2 2 1 5 5 8
3 1 8 1 2 2 3 4
10 3 1 3 3 14 6
11 2 4 3 4 12 7
3 4 1 2 9 5 1 1 2 4
3 5 1 3 5 1 3 1 1 2 2 2 3
3 3 1 6 3 3 1 1 2 1 2 5
3 2 11 2 2 1 5 1 2 3 1
3 2 13 2 5 3 1 2 1 1
2 2 16 3 1 2 3
2 17 3 1 2 7
3 10 6 3 2 1 3
5 8 6 3 2 2 4
7 6 6 10 2 1
8 3 11 3 1 2
10 2 9 3 1 3
12 3 2 6 4 2 1
17 4 6 5 1 2
1 16 8 6 1 1
2 8 4 6 6 2 1
1 4 2 3 4 6 4 2
2 2 3 3 6 1 4 4
10 3 2 4 8 1 8 7
5 3 1 3 7 2 2
8 7 4 1 11 6 10
7 10 3 1 2 3 4 3 8 8
8 9 1 2 1 2 3 1
9 9 1 5 6 2
10 8 1 2 3 1 2
10 9 1 3 4 1 2 2
10 9 1 4 4 3 2 4
10 9 2 6 10 3 3
2 8 9 1 2 9 2 3 3
3 7 9 1 2 6 1 2 3
2 1 5 9 1 2 6 2 1 3
1 2 3 7 2 4 6 13 10
1 3 8 6 4 6 14 7
2 11 7 4 5 16 6
3 6 5 4 5 4 14 2 1 1 6
4 4 2 3 5 13 2 1 8
6 4 3 3 6 13 12
36 5 27

C97 하늘을 날 수 있을 거 같아요

난이도 ★★★★★

70×80

Column	Clues
1	16 6 3
2	16 9 3
3	16 6 11 3
4	4 9 14 3
5	3 5 12 3
6	2 3 11 3 3
7	1 2 11 1 2 3
8	1 1 11 2 1 3
9	1 1 10 1 1 3
10	1 1 10 6 3
11	1 1 9 1 1 1
12	2 5 9 5 1 1 3
13	2 9 10 3 2 1 1 3 2
14	3 11 12 2 5 1 4 1
15	4 13 3 5 4 4 6 2 11 1
16	7 11 2 5 2 8 3 16 1
17	6 17 4 2 8 3 13 1
18	6 13 2 4 1 6 21 1
19	6 13 1 3 2 5 2 18 3
20	6 13 1 3 2 5 3 1 12 4
21	6 12 1 3 2 4 2 1 9 4
22	7 12 1 3 1 3 2 2 2 9 4
23	22 3 2 4 3 2 9 4
24	4 11 2 3 1 6 17 6
25	3 7 1 6 5 1 3 5 20 1
26	2 4 2 4 4 3 2 2 2 17 1
27	1 2 4 3 2 1 2 2 13 1
28	1 1 2 8 2 2 3 2 9 2
29	1 1 2 9 2 1 1 2 2 7 2
30	1 1 15 4 2 2 2 1 2
31	1 1 15 3 1 4 5
32	1 1 2 12 2 2 2 3
33	2 2 2 14 3 3 2 3
34	2 1 2 12 3 2 4 3
35	3 6 16 3 2 4 5 3
36	5 3 2 14 2 5 2 1 5 3
37	7 4 14 4 8 7 3
38	6 14 10 1 19 3
39	6 10 7 1 3 2 1 2 3
40	5 9 1 1 4 3 1 3
41	5 10 1 1 3 2 2 1 3
42	5 9 2 5 2 1 2 3
43	5 9 2 3 2 5 1 1 1 3
44	16 4 3 3 10 1 4 3
45	16 5 2 3 5 3 1 6 2 1
46	16 14 3 1 6 12 2 1 1
47	6 7 2 6 5 5 1 3 3 6 12 1
48	4 4 4 6 3 6 2 4 3 1 3 6 1 1
49	3 2 9 1 9 1 4 2 1 8 1 1 1
50	3 4 2 5 1 10 2 4 2 1 1 17
51	2 8 1 11 1 4 2 1 5 4 4
52	2 9 1 12 2 6 8 9 4
53	2 10 2 14 6 14 1 4 1
54	2 10 2 13 11 8 2 1 1
55	2 10 3 12 10 5 3 1 1
56	2 11 1 2 10 8 1 10 2
57	3 11 3 1 10 5 1 2 2 2 3
58	4 8 3 8 8 1 2 3 5
59	5 6 13 9 5 1 2 4
60	10 2 9 6 3 3 4
61	6 2 8 3 1 2 4
62	6 11 3 2 2 4
63	6 3 6 3 4 4
64	7 2 5 3 4
65	7 4 2 3 4
66	8 2 8 3 4
67	14 5 1 3 4
68	11 2 3 4
69	11 3 2 4
70	11 7 4

Row	Clues
1	70
2	6 15 38
3	5 12 16 14
4	4 10 13 13
5	3 8 12 4 12
6	3 8 3 4 7 11
7	3 2 2 2 6 10 7
8	3 2 4 2 1 9 10 5
9	3 13 2 9 11 4
10	3 13 1 11 11 4
11	4 15 1 11 10 4
12	4 15 1 11 10 1
13	5 22 1 12 8 1
14	7 16 15 9 2
15	25 11 3 3 4 2
16	6 12 5 5 9
17	2 12 2 2 2 5
18	1 11 1 2 4 3
19	2 9 1 1 5 2
20	1 7 1 2 6 2
21	1 1 1 1 2 6 2
22	1 8 1 3 6 2
23	1 2 3 2 3 9
24	2 2 2 8 4 11
25	1 2 11 4 6 2
26	3 1 6 4 6 6 1
27	5 2 2 2 6 7 3 3 2
28	7 1 2 18 7 2 1
29	14 2 11 6 3 1
30	16 1 12 2 1 4 2 1
31	16 1 12 3 7 1 1
32	17 1 12 2 11 1
33	18 2 12 2 12 3
34	20 13 2 12 4
35	13 22 2 20
36	13 20 1 20
37	12 5 9 2 18
38	4 3 1 6 16
39	2 2 2 2 3 12
40	2 1 1 9 11
41	3 2 2 1 2 9
42	3 2 1 1 1 2 2
43	4 2 2 2 2 1 2
44	4 2 1 1 1 2 3
45	3 2 2 1 2 2 3
46	6 1 1 1 6
47	4 4 15
48	11 10 5
49	12 3 4 10
50	12 3 2 2 12
51	1 6 1 1 1 2 12
52	2 4 4 3 2 2 4 5
53	1 2 2 2 3 4 2 5 7
54	1 3 2 1 2 2 4 2 2 2 5
55	1 4 3 1 1 2 3 2 2 4 3
56	4 2 2 2 1 1 1 2 3 4 2 2
57	4 2 2 1 5 2 2 5 2 1
58	5 4 2 4 6 8 1
59	15 2 2 2 13 1 2
60	3 1 3 2 1 2 2 2 4
61	1 1 2 3 4 2 2 2
62	2 1 1 2 3 2 4 2 2 3
63	4 2 2 5 2 6 2 4
64	7 9 2 8 1
65	12 2 1 8
66	12 1 6 4
67	13 2 3 9
68	14 2 10 4
69	14 2 7 5 2
70	15 2 2 12
71	15 10 4
72	7 6 5 5 1
73	6 5 6 1
74	7 5 1 1 1 3
75	8 6 1 1 3 2
76	7 8 4 1 2
77	7 8 1 3 5 13
78	10 1 7 15 4 14
79	10 2 6 17 3 15
80	11 58

C98 많은 짐을 메고 가요

난이도 ★★★★★

70×80

2 6 6 4 8 16
5 4 6 9 3 5 11 4
5 3 4 2 8 5 2 8 14
13 5 2 6 1 3 3 5 3 13
3 12 4 6 2 1 1 3 27
4 14 5 1 1 1 1 5 5 1 3 6
3 14 9 1 1 7 5 3 4 1
4 15 1 7 8 5 6
9 6 13 2 1 4 14
1 17 10 2 3 8 6
4 10 10 6 1 10 1
3 6 8 1 9 8 1
2 5 11 1 5 2 12
2 5 3 5 1 9 4 5 6
6 4 1 2 2 5 1 3 3 6
4 2 2 2 20 5 5 3 2
4 1 1 12 7 10 2 1
4 4 1 1 4 3 25 2 3 1
3 3 1 2 2 2 8 20 1 4 1
2 4 6 6 1 25 4 1 1
2 4 3 5 2 3 23 1 1 1 1
6 3 2 2 5 2 18 1 1 1 1
6 2 1 2 1 3 3 16 1 1 1 1
1 4 2 1 2 1 2 1 2 2 13 2 1 5
1 4 2 2 2 1 2 1 3 10 6 1 2 2
1 4 2 2 3 3 1 4 13 14 1
2 4 3 8 3 4 16 10 1
2 3 2 6 1 3 18 5 1 1
2 3 2 3 2 1 3 6 13 5 1 1
3 3 3 2 1 6 5 1 1 11 1 1 1 1
3 3 3 2 1 2 7 1 1 1 1 9 1 1 1 1
3 2 2 4 2 10 3 1 1 1 1 6 1 1 1 1
3 2 3 2 3 9 5 3 4 1 1 1 1
5 2 2 2 2 12 2 5 2 7 2
6 5 3 16 3 7 8 2 1 6
8 3 2 2 4 4 7 1 2 3 8 1 6
5 2 4 3 2 2 4 1 3 2 2 2 1 3 1 6
4 3 7 6 2 1 2 2 5 2 4 8
3 5 4 2 6 1 3 1 2 2 5 2 7
1 4 3 3 2 2 4 2 1 2 4 5 2 4 1
3 4 2 2 3 2 2 4 2 5 2 2 1 6
8 3 2 2 2 3 1 7 2 9 2 1 2 6
5 5 5 2 4 1 1 5 2 3 5 2 1 2 6
1 2 4 2 5 2 2 2 1 1 3 1 2 3 4 1 2 6
2 4 2 6 2 2 1 1 3 4 3 1 3 4 6
11 2 3 1 2 1 1 3 3 4 5 4 6
2 5 3 2 2 2 1 1 3 3 6 5 2 7
5 7 2 2 1 1 3 2 2 4 3 3 7
3 1 7 2 2 3 1 1 2 2 2 4 5 7
2 4 3 2 3 6 1 1 2 11 1 3 3 3
2 5 2 11 1 3 4 4 2 5 7
2 2 4 10 1 2 1 4 4 5 6
7 2 2 2 8 2 2 13 2 1 4 8
2 4 2 2 2 7 3 2 2 4 1 2 3 2 6
1 3 1 2 2 6 3 2 7 4 1 2 1 7
1 4 2 3 4 10 8 4 1 7
1 2 2 6 2 6 1 5 4 4 2 9
2 2 2 11 7 1 2 4 4 4 4 9
3 4 2 12 2 4 1 4 6 2 2 1 9
1 4 3 13 4 1 1 1 3 4 1 2 5 2
2 2 4 16 8 1 3 3 4 1 2 6
3 6 13 2 5 1 1 2 6 2 1 2 8
4 2 11 4 3 4 2 1 4 9
6 2 10 5 5 8 1 2 2 9
6 3 6 2 9 1 2 6 1 2 9
1 6 3 4 10 1 3 4 4 1 7
5 3 4 4 11 21 6
6 2 23 8 16
10 9 11 6 18
2 7 10 14 19

4 16 8
9 11 10 1 9
11 5 13 2 5 4
6 4 5 16 1 9
4 2 2 2 4 5 8
1 2 2 3 11 2 2 3 6 7
2 2 2 2 14 1 4 2 4 4 3 3
2 2 6 13 2 2 5 1 5 1 2 2 2
5 5 10 2 7 1 3 1 2 2 5
4 4 5 1 5 4 1 1 3 4
3 3 1 2 3 3 2 1 1 2 2
3 3 3 5 1 3 2 2 1 1
1 3 3 2 8 2 6 2 1 2 2
1 2 2 3 7 2 1 4 1 2 1 1 1
2 2 2 13 2 2 4 2 2 2 1 2
2 3 3 2 6 2 5 2 3 2 1
2 3 3 2 3 3 1 2 2 1
3 5 1 4 2 2 2 4 2
3 5 7 7 2 3 1 2 6
3 4 3 4 7 2 2 4 2 2 6
7 2 9 2 5 3 2 6
5 5 6 2 2 3 2 2 6
6 2 2 3 2 4 3 2 2 2 6
5 1 1 3 1 1 1 5 3 2 7
4 2 11 4 9 2 2 6
3 6 7 4 2 4 5 3 8 1
3 1 1 1 3 2 2 8 1
4 3 4 2 2 4 2 8 1 1
3 4 20 1 2 2 2 10 1 1
5 3 3 2 2 7 1 2 3 3 8 2 1
2 1 4 3 2 2 1 5 1 2 2 5 7 1 2 1
2 1 4 3 1 1 5 3 2 7 5 2 1 1
3 1 3 1 1 2 12 2 10 6 2 3
2 1 4 1 2 4 7 2 7 7 3 1 2 3
2 2 4 1 2 3 2 6 6 7 2 1 3 3
2 1 4 6 2 10 8 3 2 2
2 1 5 3 9 2 4 1 7 4 2 2
2 1 8 4 2 2 5 16 5 2 2
2 2 7 3 2 2 3 2 2 1 2 3 2 2
2 1 4 2 3 3 2 2 2 19 2 5
1 1 3 1 4 1 3 2 1 2 7 1 4
2 3 1 1 5 2 7 2 1 8 3
5 2 1 1 7 3 2 3 4 3
1 1 2 1 1 6 6 4 2 5 4
6 3 1 7 3 2 3 1 6 3
1 3 1 2 1 7 7 2 2 7 9 3
6 1 1 12 2 9 2 2 4
1 1 2 1 15 3 6 13 4
6 2 1 13 3 4 9 1 2 5
2 1 3 1 19 2 3 1 1 1 1 2 2 4
1 6 1 14 3 2 5 1 1 1 2 2 2 3
2 1 1 1 2 14 9 4 2 1 1 2 1 1 1 3
1 2 1 8 15 2 5 5 2 1 2 1 2 2 2 2
1 1 2 1 1 1 1 15 2 1 3 2 3 1 1 1 1 1 1 2
1 1 3 1 1 1 18 3 2 2 2 1 1 1 2 2 2 2 1
3 1 1 1 1 1 18 3 3 1 1 1 1 1 1 2 4
7 15 10 2 2 25
7 14 7 2 1 2 26
7 9 6 1 26
7 9 6 1 27
5 8 1 1 3 3
1 1 1 1 2 1 1 6 7 6 1
4 1 5 3 1 2 1 3 3 4 2 2 2
2 2 1 2 3 2 2 1 6 2 6 1 7
2 5 1 6 2 1 1 6 7 8
2 5 2 5 2 1 1 4 4
3 5 1 3 2 3 5 5 6 4
5 1 1 1 1 1 2 3 2 4 3 2 4
5 2 3 1 2 4 7 2 5 4
5 3 4 1 2 4 6 7 6 4
5 3 4 1 2 4 2 3 4 4
5 3 4 2 9 1 6 6 8
5 2 3 12 5 6 2 4 4 4
5 1 1 1 4 1 2 5 1 6 5 3
10 8 4 37
1 8 58
10 4 2 2 1 16 20
10 3 6 7 25 10
6 3 4 2 6 30
67 2

C99 까아~ 내가 먼저 탈 거야!

난이도 ★★★★★

70×80

Column clues (left to right, read top to bottom)

Column	Clues
1	2 2 10 2 2
2	2 2 12 5
3	2 2 4 4 4
4	2 3 3 1 3 4
5	18 3 2 2 3
6	2 4 1 2 2
7	2 3 2 3 2
8	18 4 3 1 2 2
9	2 3 4 2 3 3 2
10	2 2 3 2 2 2 1
11	2 2 3 4 3 2 2 1
12	2 2 2 2 4 4 2 3 1
13	2 3 1 2 4 7 2
14	18 2 3 4 1 5 2 3
15	2 2 1 2 5 5 3 2 2
16	2 1 2 2 5 4 4 1 3
17	2 10 4 6 4 5 1 2
18	2 15 2 3 5 8 8
19	13 7 2 5 3 3 9
20	8 4 3 10 3 2 10
21	10 4 2 1 3 3 2 4 1
22	15 4 2 1 2 7 2 4 1
23	15 4 3 1 7 2 4 2
24	11 5 2 1 9 4 2
25	6 6 2 2 1 8 5 2
26	6 6 2 1 1 8 5 3
27	2 7 1 8 5 2
28	2 22 2 13 2
29	2 19 8 1 6 4 2
30	2 19 7 2 4 4 2
31	8 19 9 4 4 2 1
32	8 6 3 7 6 8 3 1
33	2 4 3 1 2 3 8 3 1
34	2 4 3 2 1 2 8 3 2
35	2 4 3 2 3 2 6 3 2
36	2 3 2 1 2 2 9 3 2
37	8 3 3 1 2 9 4 2
38	8 3 3 2 1 5 7 2
39	2 6 3 1 2 5 6 4 3
40	2 3 2 3 1 6 5 4 3
41	2 2 1 2 1 5 4 4 3
42	2 4 12 2 5 4 4 3
43	6 2 14 1 5 18 4
44	6 17 1 4 19 4
45	1 13 1 4 19 2 1
46	3 1 1 4 3 5 3 4
47	11 1 6 6 4 5
48	5 2 2 2 5 2 5 4 5
49	4 3 1 1 3 2 4 3 8 5
50	4 2 2 1 5 3 3 28 5
51	6 2 1 8 1 3 33 6
52	6 2 2 1 43 6
53	9 1 1 34 4 5
54	7 2 32 3 4 6
55	8 29 3 3 4 7
56	9 19 2 4 4 3 4 7
57	6 8 1 2 4 4 4 4 7
58	13 12 4 3 3 4 2
59	9 2 1 1 5 3 3 4 8
60	5 1 4 5 1 3 3 3 4 8
61	4 1 1 2 1 1 3 3 3 3 8
62	5 2 2 1 2 2 3 4 3 4 8
63	5 3 3 1 1 3 4 3 4 9
64	3 3 2 2 5 2 3 4 3 4 3 5
65	7 2 2 3 3 3 4 4 9
66	8 2 1 1 3 3 3 4 9
67	19 1 4 3 3 4 10
68	29 3 7 10
69	46 11
70	35 1 5 3

Row clues (top to bottom, read left to right)

Row	Clues
1	22 2 2 6
2	22 2 2 11
3	1 1 1 4 20 13
4	1 1 1 4 20 17
5	1 1 1 4 2 2 2 2 19
6	1 1 1 4 2 2 2 2 3 14
7	1 1 1 5 2 2 2 2 2 12
8	1 1 1 5 2 2 2 2 3 2 2 3 2
9	1 1 1 2 3 3 2 1 2
10	1 1 1 2 3 8 1 2 5
11	1 1 1 2 2 12 1 4 3 4
12	1 1 1 3 2 10 3 2 2 3 4
13	1 1 1 3 3 6 1 1 7 6 6
14	1 1 1 2 3 5 1 3 13 3
15	1 1 1 2 3 4 2 2 3 1 4
16	1 1 1 2 2 4 5 4 1 4
17	2 2 2 2 2 4 7 4 2 5
18	5 7 2 2 4 4 4 4 4 3
19	4 5 2 2 4 4 1 3 1 4
20	2 2 4 4 1 3 2 3
21	2 2 4 4 1 3 2 3
22	2 4 4 1 3 5
23	2 4 4 1 3 4
24	4 4 1 3 3
25	4 4 2 3 3
26	4 9 1 3 3
27	4 13 1 3 5
28	13 3 1 3 4 3
29	8 3 3 3 5 1 3
30	5 3 7 1 1 4
31	4 14 1 1 1 4
32	5 5 9 1 1 2 3
33	5 4 11 3 6
34	10 2 6 5 1 2 3
35	15 3 5 7 3 3
36	3 14 2 7 4 6 4
37	2 4 14 2 5 4 2 8
38	1 1 1 2 8 4 19
39	2 3 2 2 5 2 4 21
40	2 4 2 2 4 2 3 15 3
41	4 1 1 1 2 4 11 3
42	1 2 5 1 3 2 4 3
43	2 1 3 2 4 4 4 3
44	2 3 3 4 11 2
45	2 7 5 15 2
46	2 2 2 22 2
47	3 1 2 3 23
48	5 2 3 4 4 15
49	3 1 1 2 4 4 9
50	3 1 1 3 5 4 2
51	3 1 1 3 5 4 2
52	4 1 1 2 2 3 4 2
53	4 1 5 2 3 4 2
54	4 4 1 2 1 3 4 2
55	5 9 4 2 6 4 2
56	5 20 2 15 2
57	6 7 9 3 1 23 2
58	5 5 10 2 1 3 24
59	6 2 1 11 2 2 3 4 14
60	5 4 2 11 3 2 4 4 6
61	4 7 2 7 2 1 6 4 3
62	3 1 6 2 5 3 7 4 5
63	2 1 7 2 6 7 4 7
64	2 2 6 2 3 5 4 9
65	2 3 1 3 2 4 4 4 9
66	2 3 3 5 4 3 4 10
67	2 3 3 4 4 2 15
68	5 2 2 5 2 12
69	3 4 5 2 9
70	4 5 2 7 2
71	4 6 2 4 4
72	4 5 1 8
73	4 5 2 12
74	4 4 2 16
75	4 3 2 13 6
76	2 4 3 2 24
77	4 5 3 3 27
78	5 7 3 19 12
79	9 5 4 11 25
80	5 6 7 22 12 4

C100 한국의 아름다움이 느껴져요

난이도 ★★★★☆

80×70

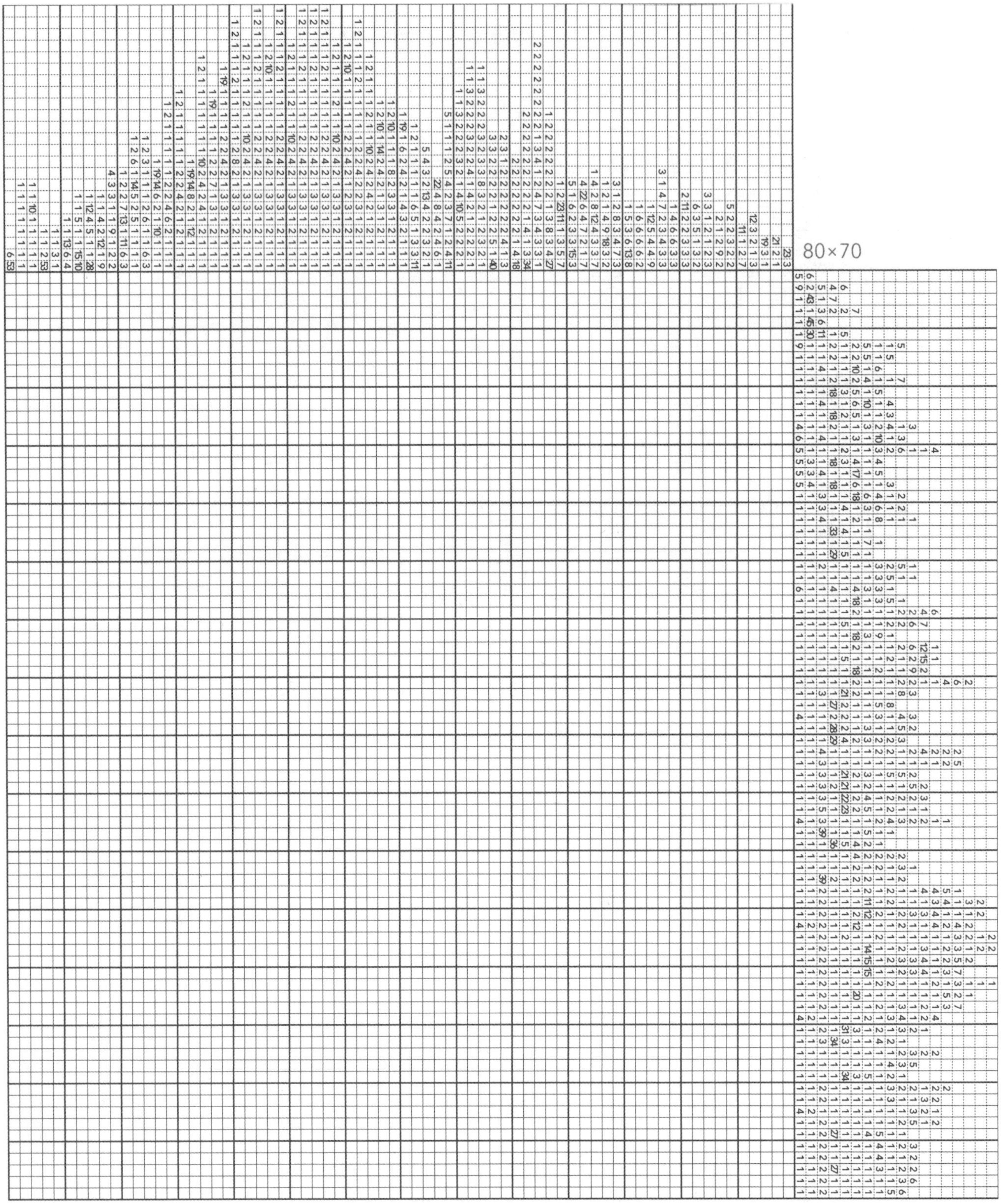

C101 작은 정전기에도 폭발할 수 있으니 조심해요

난이도 ★★★★★

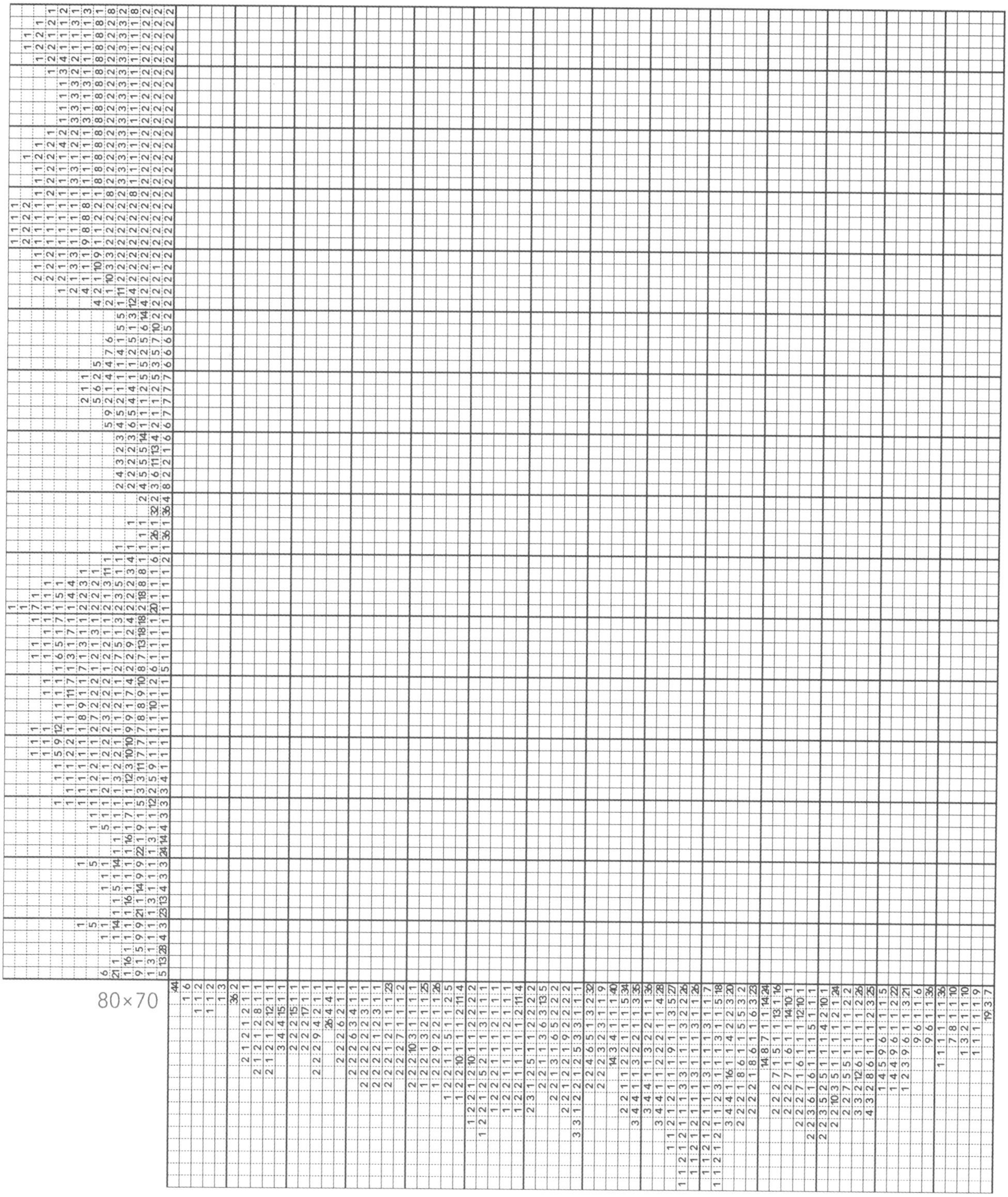

80×70

C102 난 이제 지쳤어요~

난이도 ★★★★★

80×70

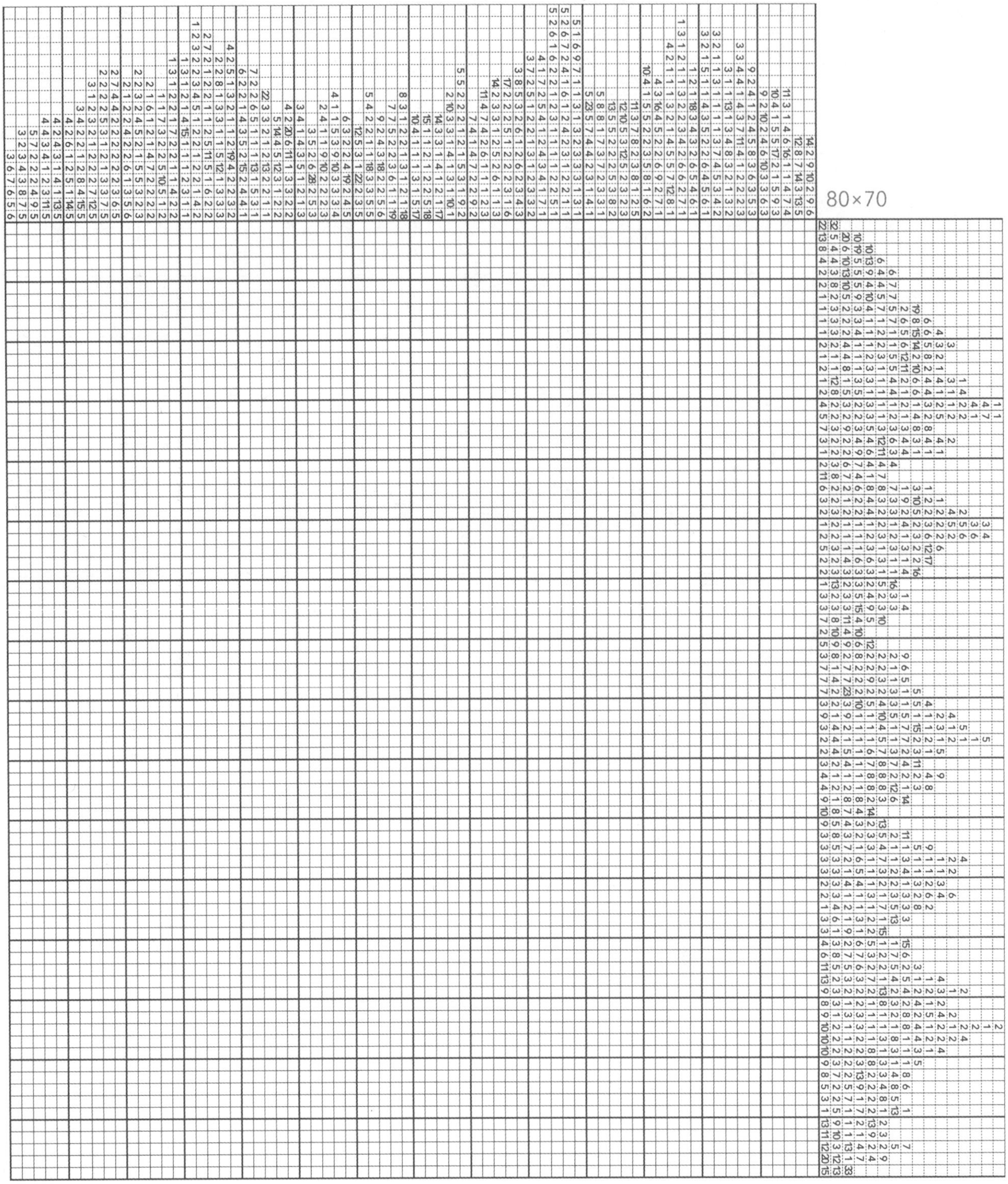

N E M O N E M O

해답

L O G I C P L U S

PART A

A1 비상구

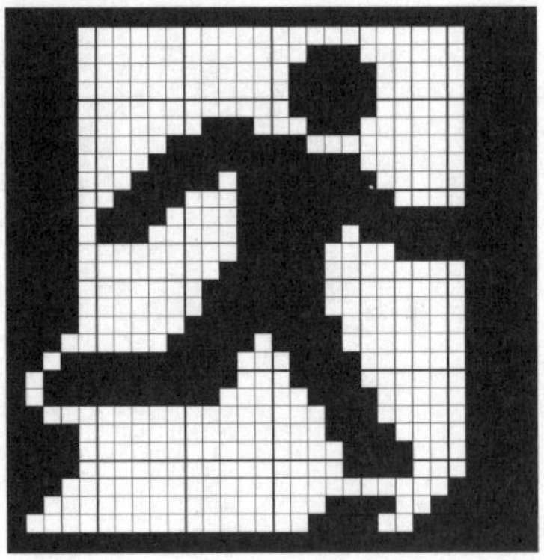

A2 자물쇠

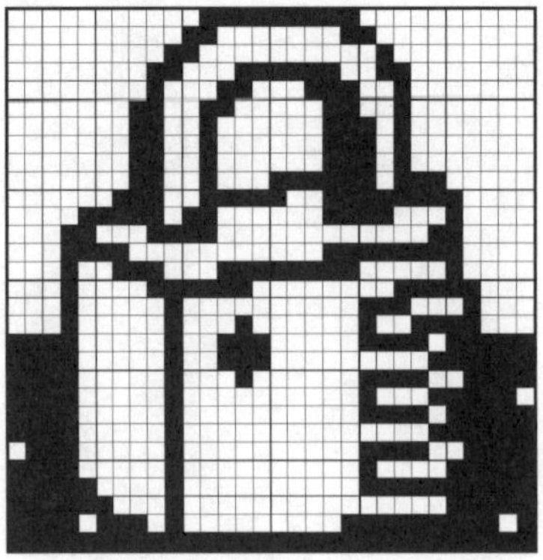

A3 열쇠

A4 금연

A5 럭비공

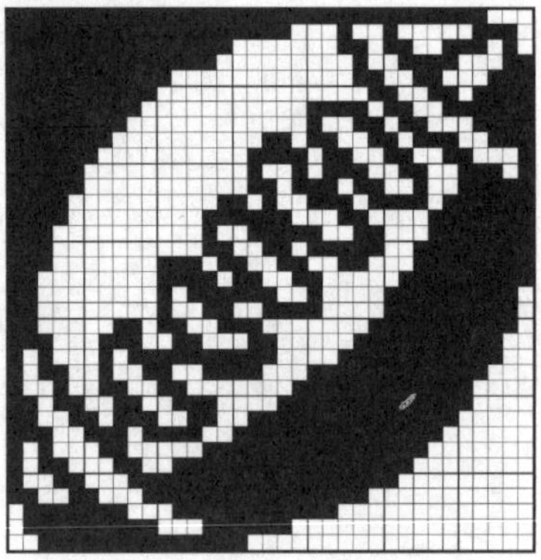

A6 주사위

A7 주사기

A8 안테나

A9 선물

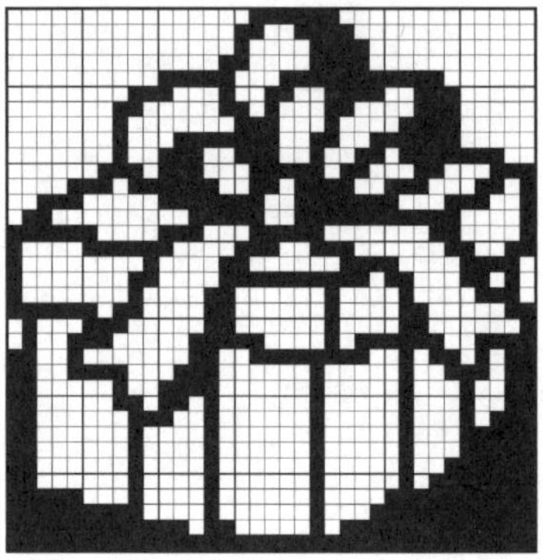

A10 책꽂이

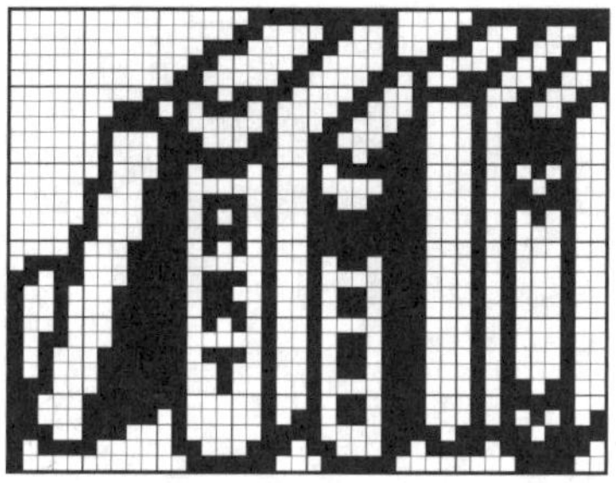

A11 토성

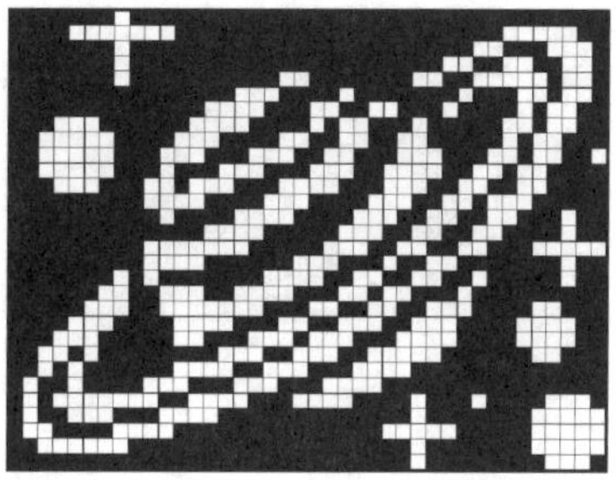

A12 수영

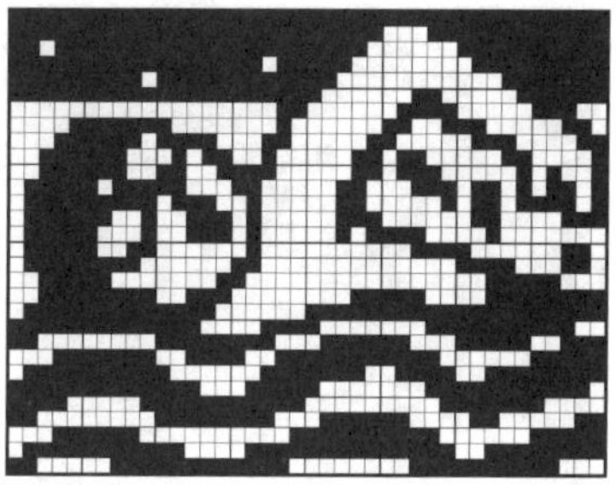

A13 양치

A14 연구원

A15 트로피

A16 카트

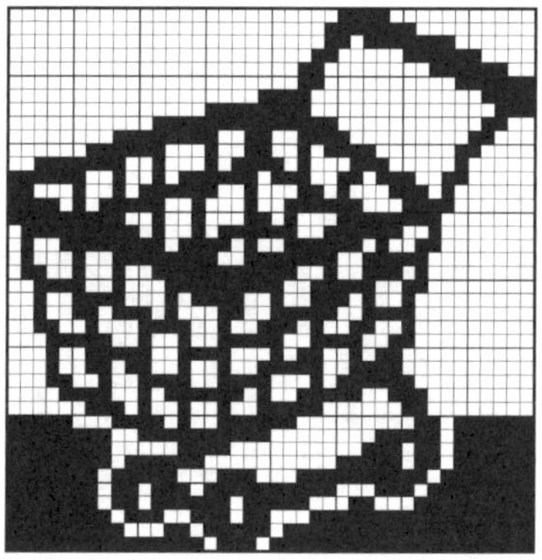

A17 해달

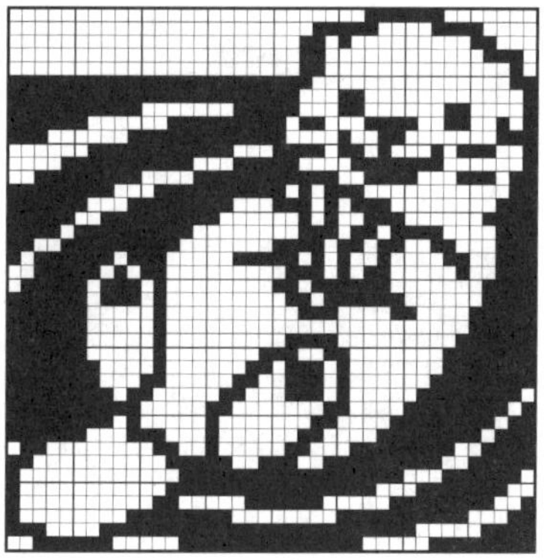

A18 매머드

A19 산불

A20 소믈리에

A21 메롱

A22 놀람

A23 화남

A24 마술사

A25 폴라로이드

A26 샴페인

A27 마카롱

A28 조이스틱

A29 교통사고

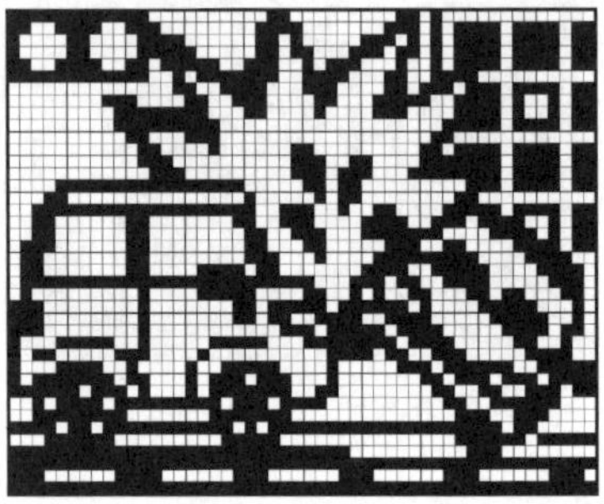

A30 흰동가리

A31 실로폰

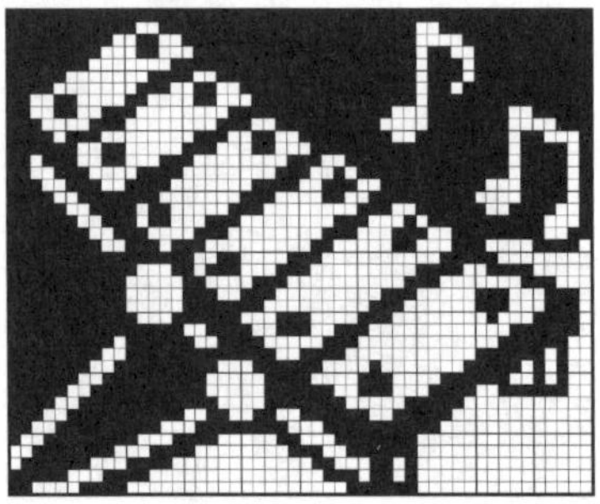

A32 소나무

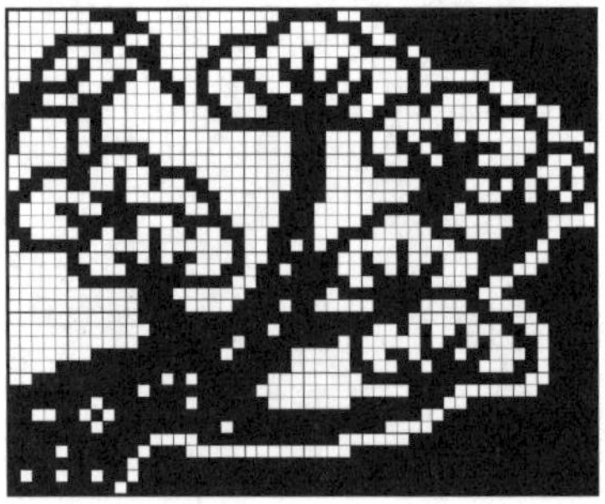

B33 백발 도인

B34 임신

B35 출산

B36 가체

B37 기계체조 안마

B38 유럽 왕

B39 스킨스쿠버

B40 비행

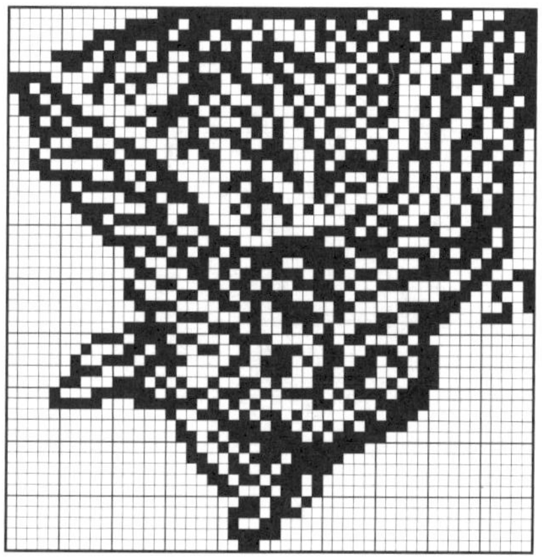

B41 우비 입은 소녀

B42 + B43 칙칙폭폭 기차

B44 발표

B45 정비공

B46 불면증

B47 좋은 꿈 꾸세요

B48 이혼

B49 안과 검사

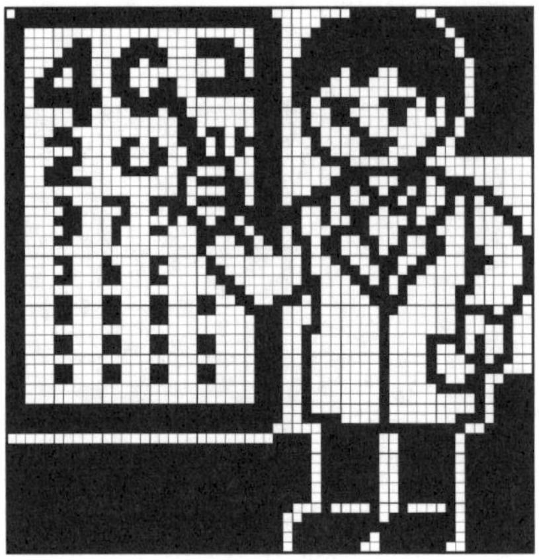

B50 덩실덩실

B51 살금살금

B52 머리 빗기

B53 3단 케이크

B54 + B55 체조

B56 스카이다이빙

B57 헬리콥터

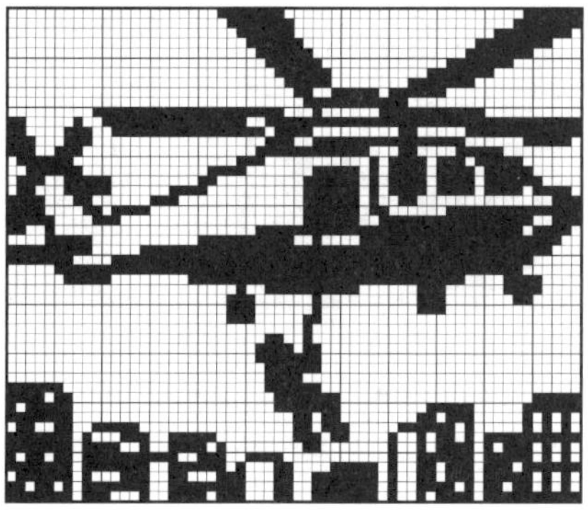

B58 강아지와 요가

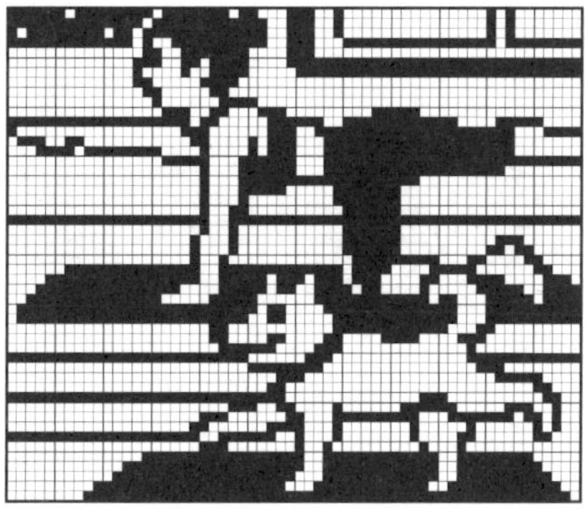

B59 굴착기

B60 철봉

B61 곤충 채집

B62 명상

B63 마술사

B64 기타

B65 산악자전거

B66 새 둥지

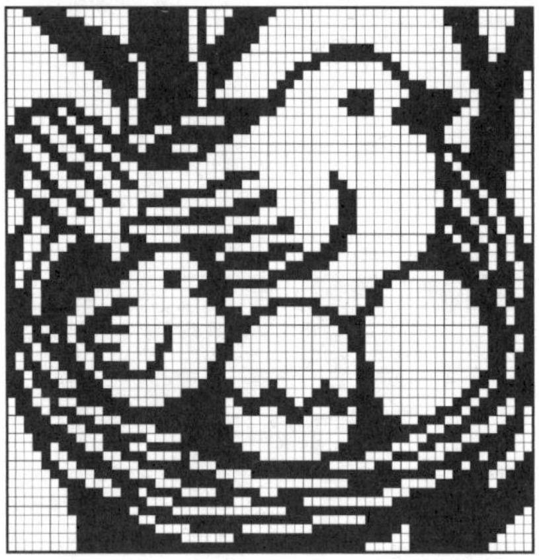

B67 매표소

B68 격려

B69 강아지와 고양이와 나

B72 롤러코스터

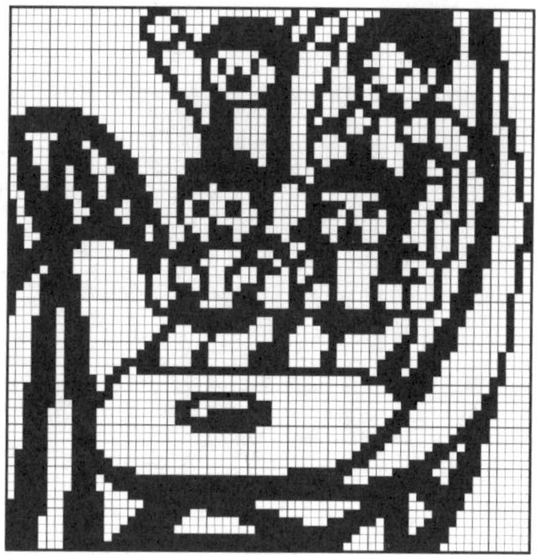

B70 + B71 탁구

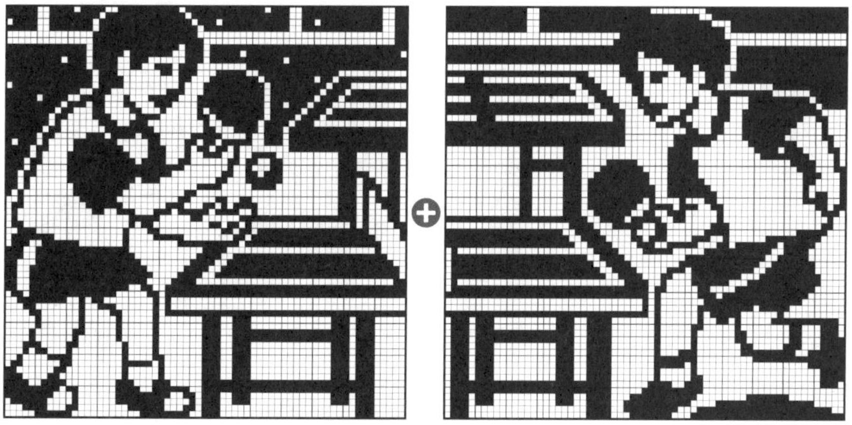

B73 즐거운 나의 집

B74 고양이와 영화

B75 농부

B76 혼자 영화 보기

C77 거품 목욕

C78 노인 보행 보조기

C79 염색

C80 아프리카물소

C81 꽃향기를 맡는 소녀

C82 산타와 루돌프

C83 달팽이와 개미

C84 동물병원

C85 워터파크

C86 겨울잠

C87 페인트칠하기

C88 아이와 책 읽기

C89 요트

C90 하와이

C91 강아지와 훈련

C94 3인 자전거

C92 우주여행 A

C93 우주 여행 B

C95 멕시코 판초

C96 시각장애인 안내견

C97 아이와 풍선

C98 지게

C99 미끄럼틀

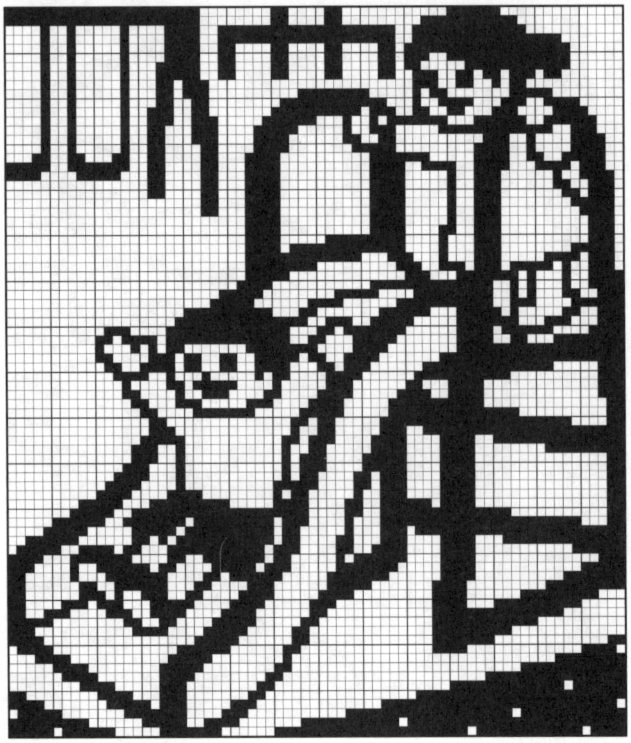

C100 한옥

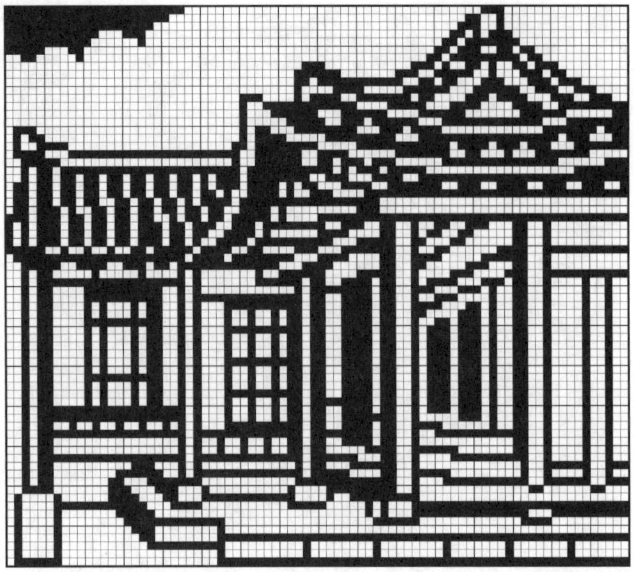

C101 주유소

C102 노래방